脚本家・野木亜紀子の時代

小田慶子
佐藤結衣
田幸和歌子
成馬零一
西森路代
藤原奈緒
横川良明

目次

はじめに

近年のテレビドラマ界において、もっとも視聴者の心を捉え、その深いメッセージ性が共感を呼び、現代社会への鋭いまなざしに議論が白熱しているのは、脚本家・野木亜紀子が手掛けたドラマたちだろう。

野木の手掛けた代表作といえば、２０１８年放送の『逃げるは恥だが役に立つ』（ＴＢＳテレビ系）が思い浮かぶ人が多いはずだ。星野源による主題歌「恋」のダンス動画が話題となり、終了後も幾度となく再放送され、２０２１年には続編となる『逃げるは恥だが役に立つ　ガンバレ人類！　新春スペシャル!!』（ＴＢＳテレビ系）が放送された。同年５月には、本作で共演した新垣結衣と星野源の結婚が発表されたことも記憶に新しい。社会現象とまで呼ばれた本作のヒットは、この上なく幸福な結末へとたどり着き、深く人々の記憶に刻まれる作品となった。同作以降、野木はオリジナル脚本で多くのドラマを手掛けている。石原さとみ主演『アンナチュラル』（２０１８年、ＴＢＳテレビ系）、新垣結衣主演『獣になれない私たち』（２０１８年、日本テレビ系）、北川景子主演『フェイクニュース　あるいはどこか遠くの戦争の話』（２０１８年、ＮＨＫ総合）、古舘寛治と滝藤賢一Ｗ主演『コタキ兄弟と四苦八苦』（２０２０年、テレビ東京系）、綾野剛と星野源W主演『MIU404』（２０２０年、ＴＢＳテレビ系）。どの作品も深いテーマ性を持った名作であり、多くの視聴者を画面に釘付けにしてきた。

　いったいなぜ、私たちは野木脚本のドラマに惹かれるのだろうか。物語に視聴者を没入させる、愛着の湧くキャラクターたち。旬な社会問題を取り扱い、リアルのその先を描く先見性。王道でありながら、常に新鮮な設定と展開。その魅力を挙げていけばキリがないほどで、掘り下げれば掘り下げるほど、各々のドラマに込められたメッセージが多層的に浮かび上がってくる。今、これほど語りがいのある作家はほかにないだろう。

　本書では、ウェブサイト『リアルサウンド映画部』でドラマ評を執筆している気鋭のライター７名に、それぞれの視点から脚本家・野木亜紀子のドラマの魅力を解き明かしてもらった。野木が注目されるきっかけとなった『重版出来！』（２０１６年、ＴＢＳテレビ系）から、２０２０年を代表するドラマの一つとして数えられる『MIU404』まで、７作品を徹底考察している。巻末には、これまで野木が携わってきたドラマや映画の作品リストも記載した。本書を通じて、野木ドラマをさらに楽しむための新たな糸口が見つかれば幸いだ。

重版出来！

ストーリー

子どもの頃から柔道一筋で柔道オリンピック代表を目指していた女子大生・黒沢心はけがで柔道を断念。就職活動の結果、新卒で大手出版社・興都館へ入社する。研修後、コミック雑誌「週刊バイブス」編集部に配属された心は、くせ者ぞろいの漫画家と彼らを支える編集部員たちとともに、営業や書店員をも巻き込みながら、「重版出来」を目指し奮闘する。

『重版出来!』は
最高のお仕事ドラマだ

藤原奈緒

「本を愛する全員」が主役の誠実丁寧なドラマ

「働く」とは何だろう。そんなことを考える暇もなく仕事をしてきたように感じる。一日中働いて足を棒にして帰って、テレビをつけたら、火曜22時のドラマがやっていた。『重版出来！』である。「本を売り切った後、増刷がかかること」を意味する「重版出来」を「本に関わる全員が幸せになれる言葉」だと、黒木華演じるヒロイン・黒沢心は言った。「あのドラマ以来、普通のお客さんに『重版』って言葉が通じるようになったんだよ！」と数年前に居酒屋で、上司が言っていた（筆者は日中書店で働いている）。その顔は何だか誇らしそうだった。「読まれた方は皆さん、登場人物たちのことを自分の友達の話でもするように、暖かく楽しげに話してくれる」と『タンポポ鉄道』を評した小泉（坂口健太郎）は言っていたけれど、書店員もまた、『重版出来！』というドラマを、友達の偉業のように誇らしげに語らずにはいられないのはなぜだろう。そこに河さん（濱田マリ）という書店員がいたからか。出版業界と書店業界の現実と、そこで踏ん張る人々の描写にうそがなかったからか。

　でも、書店員に限ったことではないのだろう。このドラマは描かれる全ての職業に対してどこまでも誠実だ。だから誰もが「これは私（僕）のドラマだ」と感じることができた。

『重版出来！』は漫画家、編集者のみならず「本に関わる全員」が主役のドラマであり、「夢を追う人」のドラマである。そこにはもちろん、金子大地が演じていた、「週刊バイブス」購読者の高校生をはじめとする「一読者」も含まれる。もっと言えば、今日も今日とて仕事に励む、全ての人たちが主役のドラマなのである。

野木亜紀子が描いた「原作もの」

『重版出来！』は2016年4月期にTBS系列で放送されたドラマだ。野木亜紀子の代表作となる『逃げるは恥だが役に立つ』（2016年、TBSテレビ系）の2クール前の同枠であるというのも興味深い。野木の作家性が広く語られだすのは、『逃げるは恥だが役に立つ』、そしてオリジナル脚本の『アンナチュラル』（2018

年、TBSテレビ系）以降であるため、2013年の『空飛ぶ広報室』（TBSテレビ系）同様、放送当時は「野木亜紀子脚本のドラマ」であると意識することなく作品を楽しんでいた人がほとんどなのではないだろうか。土井裕泰、福田亮介、塚原あゆ子の3人が演出を手掛けているのも興味深い。ゆうきまさみやいくえみ綾らそうそうたる漫画家が劇中に登場する漫画の作画を手掛けたことも大きな話題となった。

野木脚本のすごさは、オリジナル作品だけではない。「野木さんは、原作のスピリットを掴み、映像作品という文脈で再構築するのがとても上手い。新しいエピソードを加えても芯はぶれず、なおかつ硬軟自在な自分ならではの表現に落とし込んでいくことができる。それに何より登場人物に対する愛情がとても深い」（『罪の声』公式ホームページ）と『重版出来！』でもメイン演出を手掛けている土井裕泰が映画『罪の声』（2020年）でタッグを組んだ時に言及しているように、野木は、原作の良さを一切損なわずに、なおかつ映像作品単体として独自性を持った作品に仕上げることに長けている。その能力の確かさは、これまで有川浩作品（『空飛ぶ広報室』、『図書館戦争』シリーズ）や、西尾維新作品（『掟上今日子の備忘録』2015年、日本テレビ系）など、人気作家が手掛ける小説の実写化を多く担当し、原作ファンから好意的に受け入れられ、信頼を得ていることからも分かる。「人様のお子様をお預かりする気持ちで」（同前）と野木自身が言及しているように、そこには元の作品への最大限の敬意がこもっているのである。

では、ドラマ『重版出来！』は、松田奈緒子による原作のスピリットをどうつかみ、映像作品という文脈で再構築したのか。「原作ものの場合、原作の魅力や原作者の思いがより伝わる構成を立てることが、原作を託された脚本家の仕事です」（「インタビュー野木亜紀子――多様性を描く」『SWITCH vol.39』、2020年、スイッチパブリッシング）と野木は言う。ドラマと対応していると思われる原作1巻から7巻までと本作を比較してみると、全体的には大きな違いを感じない。だが、細部を見渡すと、構成の順序の違いだけでなく、対象となる人物と向き合う相手を変えることで、より登場人物たちの個性や人生観が伝わりやすくなっていることが分かる。例えばキタノ書店に訪れるのが心ではなく和田（松重豊）になることで、店主（梶原善）と和田という同世代の男たちの書店への思いが、より濃厚なエピソードとなって加算される（ドラマ第8話／原作6巻）。全10話を使って、いかに出版社「興都館」で働く、世代も違う、個性豊かな人々の人生とキャラクターを一話ごとに際立たせていくか。それが本作を作る上での肝だったのではないか。

『月刊！スピリッツ』（小学館）において現在も連載中の『重版出来！』（2012年〜）を読んでいて驚かされることは、知られざるプロフェッショナルたちの仕事ぶりである。校閲の人、フォントを作る人、画像に修正を入れる印刷会社の人、倉庫で単行本を梱包する人。一冊の雑誌や単行本を作り、読者に届けるのにこれほどまでにたくさんの人々が関わっている。そして、その一人一人に仕事に対する思いや、人生がある。例えば、製版所で働く女性の結婚を巡るエピソードだったり、バイク便のお兄さんと心の柔道を巡るエピソードだったりと、働く人々の思いが、完全にはつながらなくとも連鎖して、世界が動いていく様が分かる。松田の『重版出来！』は、そんな、自分の仕事にプライドを持ち働く人々一人一人に優しいまなざしを向けた作品である。

一方、全10話という制約があるテレビドラマは、さすがにその全ての人々の人生を描き尽くすわけにはいかない。それでも視聴者には、このドラマの本質が伝わっているはずだ。この漫画家と編集者たちの絆を描いたドラマは、日々働く私たちの日常と地続きなのだということを。それはなぜか。

「働くこと＝電車に揺られて日々仕事場に向かうこと」と捉えることで、まずドラマ『重版出来！』で野木が描いた「仕事」について考察してみたい。

野木亜紀子が描いた「仕事とは」

1 電車がつなぐ「仕事」の物語

このドラマは本当に「電車」の場面が多いドラマだ。新人の心と小泉だけでなく、社長までもが通勤のため、電車に揺られている。「ツブシの安井」と揶揄される安井

（安田顕）は踏切が開くのを待ちながら、過去に思いをはせ、ＳＮＳの裏アカウントに秘めた本音を吐き出す。第10話において週刊連載の締め切りに追われる中田伯（永山絢斗）は、没頭するあまり寝食を忘れ、黙々と仕事している。その鬼気迫るさまは、アシスタントが怖がって逃げてしまうほどだ。見るに見かねた担当編集者の心が、彼のもとに訪れ、部屋のカーテンを開け放つと、外から電車の走行音が飛び込んでくる。その途端、無機質な部屋に一気に生命力が宿るから面白い。

「ある朝、都会で働くサラリーマンの僕、児太郎は、人身事故で止まった電車に思わず舌打ちしてしまった。動き出した電車の中、児太郎は思う、ボクは『人間』ではなく『物』として運ばれている。そのまま旅に出ることを決めた児太郎は、気の向くままに旅先でさまざまな人たちと触れ合っていき、いつしか笑顔を取り戻していく」

第2話において小泉のナレーションによって語られる、八丹カズオ（前野朋哉）による劇中漫画『タンポポ鉄道』のあらすじである。この『タンポポ鉄道』の物語と、存在感がなさすぎて「幽霊みたい」と揶揄される若手の営業部社員・小泉自身の物語が重ねられる。希望していない部署で、ただ仕事をこなしているだけだった彼は、冒頭憂鬱そうに電車に揺られている。「娯楽が溢れたこの時代、漫画雑誌も単行本も一部のメジャーなタイトルを除けば売り上げが低迷し続けている。それを売れと言われても無理がある」と、皆が皆スマホを見つめる光景を眺め、「いつになったらこの毎日から抜け出せるんだろう」と考えてばかりの彼の足は重い。そんな彼が、上司・岡（生瀬勝久）が仕掛ける『タンポポ鉄道』増売のための書店巡りを心と共に任され、本気になることの楽しさを知る。そして、尽力が実り、多くの書店の店先や中づり広告に『タンポポ鉄道』の文字が溢れ、電車内の人々がそれぞれに『タンポポ鉄道』を読んでいる光景を目の当たりにした時、彼は思わず途中下車して涙する。まるで『タンポポ鉄道』の児太郎のように、ただ「物」として運ばれる日常から一歩外れ、書店巡りを通して心や、さまざまな人たちと触れ合うことで、笑顔を取り戻したのだった。

電車の車窓が映したのは、未来に向かう小泉の姿だけではない。第5話では、借家住まいに電車通勤、酒とギャンブルはせず、趣味を持たず、必要最低限の生活をして生き、善行を重ねることによって運をため、「本を売ること」に全てを捧げる、まるで聖人のような興都館の社長・久慈（高田純次）の意外な過去を映し出した。彼を乗せた電車はトンネルに差し掛かる。トンネルは、彼の心の奥に入り込み、視聴者を、汗水垂らして働く男たちのいる、久慈が生まれた場所である、とある炭鉱町のトンネルに誘う。青年時代の久慈を演じた平埜生成と、彼の人生に大きな影響を与えた老人を演じた火野正平とのやりとりも味があって良かった。

どん底から這い上がり、出版社の社長になった久慈の底にあるのは、火野演じる老人の「運ば使いこなせ」という言葉であり、宮沢賢治の詩『雨ニモマケズ』だった。

ミンナニデクノボートヨバレ

ホメラレモセズ
クニモサレズ
サウイフモノニ
ワタシハナリタイ
（『新編 宮沢賢治詩集』宮沢賢治、1991年、新潮社）

本作が従来の「お仕事ドラマ」と一線を画している大きな理由は、ヒロインの成長のみを描くのではなく、あらゆる世代の働く人々の人生と仕事を描いていることにある。若手社員、心・小泉の成長だけでなく、中堅どころである壬生（荒川良々）、ベテランの安井、五百旗頭（オダギリジョー）、編集長の和田、さらには社長である久慈までもが同じレールの上に立っている。そしてその誰もが、愚直なほどに仕事熱心だ。まるで、『雨ニモマケズ』の詩のように。そんな彼らの真摯さは、炭鉱で働く男たちがいる久慈の青年時代から、現代まで続いているのである。

2 出版・書店業界のリアル

第5話は、前述した「運」にまつわるエピソードだけでなく、本の「生の現場」と「死の現場」が同時に描かれる、重要な回でもあった。「生の現場」は大塚シュート（中川大志）が目の当たりにした、自身の初の単行本が本屋の平台に並び、書店員の手作りPOP付きで置かれている、感動的な光景。一方、「死の現場」は、久慈が「この時期に必ず足を運ぶ場所」である古紙再生流通センターに同行した、心と小泉が目の当たりにした、廃棄になった大量の本が運ばれ、断裁されていく光景である。彼らは共に言う。「決して忘れません、この光景を」と。

本を売る。重版出来を喜ぶ。その裏で、もう売れないと見切りをつけられ、廃棄リストに挙がり、処分されてしまう本も数多ある。光が差すところの近くには必ず影がある。「時代に飲まれ消えていくもの」に対する愛着と痛みをも、彼らは胸に抱き続ける。

出版業界・書店業界は、決して好景気とはいえない現状にある。取次・書店の連鎖倒産といった、「町の本屋さん」に差し迫る危機を語り合う第8話の和田とキタノ書店の店主の会話はまさにリアルな書店業界事情である。2021年現在、コロナ禍を経て出版業界はますます厳しい状況に追われ、出版社の倒産、雑誌の休刊・廃刊は後を絶たない。和田と営業部の岡のやりとりを通して描かれる「努力しなくても本が売れていた時代」との対比を通して、よりそのシビアさは伝わってくる。彼らが立っている場所は、危うい。放っておけば、「いずれ時代に飲まれ、消えてしまう場所」になりかねない。

だが、彼らは決してその場所にとどまろうとしない。とどまったらそこで終わりだからだ。過ぎ去った時代を懐かしみ固執するのでなく、より新しいものを取り込もうとする。電子書籍は、第7話の牛露田獏(康すおん)を巡る物語が描いたように、絶版となった名作をもう一度よみがえらせる力を持っていた。投稿サイトなどでの新人発掘、デジタル版の発行、SNSを駆使することなどを通して本誌を盛り上げることに余念がない。時代に合わせて自在に形態を変え、どうやったら売れるかを必死で考えて動いている、出版業界の現場の今もまたちゃんと描いているのである。

安井や菊地（永岡佑）ら編集者たちの運命を変えることになった、雑誌「コミックFLOW」の廃刊決定の際、廃刊を決めた役員が「自分が作った雑誌だから、俺の墓標と思って胸に抱いて死んでいくよ」と言った。その時安井は「酔ってんじゃないよ、時代に恵まれていただけだろう。雑誌はあんたの墓標なんかじゃない」と激高する。

これは原作の松田、脚本の野木両方に言えることだが、彼女たちは常に「今を生きる人」の味方である。それは松田が描く『重版出来！』が今も変わらず出版業界の「今」を反映し、常に新しい挑戦を描き続けていることからも分かる。野木は、『MIU404』（2020年、TBSテレビ系）において、SNSを使って見事にドラマと視聴者をつなぎ、さらに最終回でコロナ禍の「現在地」に着地してみせることによって、混乱する今を生きる人々にエールを送った。また、映画『罪の声』における、かつて「奮い立った過去」のみを抱き生きている、宇崎竜童演じる男を、塩田武士による同名原作（2016年、講談社）にない「化石（fossil）」という言葉を使ってまで辛辣に批判したことからも見て取れる。

本作は、かつての栄光の面影もなく、時間が止まったままで、今を生きることのできない牛露田のような男の悲哀も描くが、「昔は良かった」ではなく、立ち止まらず、現実と向き合い、いつになっても挑戦し続ける人々の姿を描く。最終回が、新しいものへの興味関心が止まらない巨匠・三蔵山(小日向文世)の新たな挑戦に皆が驚愕する回であったように。「今ここで、私らは生きていかねばならんでしょう」という、和田の言葉が、当時よりももっと混沌とした、先の見えない今を生きている私たちの心を揺り動かす。

3 安井昇というキャラクターが示した「働き方の多様性」

安井昇という編集者がいる。時折左右の目のサイズまで変えているのではないかと思うほどの、安田顕の卓越した表情筋が見せる、尋常じゃないキャラクターの濃さが癖になる。担当作は必ずヒットさせる能力を持った編集者であるが、受け持った新人作家の多くが続かないため「ツブシの安井」と揶揄されている。仕事に対して徹底してクールな姿勢を崩さず、定時に退社し、家族サービスに余念がない。心が見つけた漫画家の卵だった東江絹（高月彩良）を横取りし、コミカライズ作家に抜てきしたことが、結果的に東江を追い詰めることになるなど、本来なら悪役として描かれてもおかしくないキャラクターだ。

でも、そんな彼の意外過ぎる過去が描かれたのが第6話だった。かつて彼は、心と同じぐらい熱く、作家への愛が誰よりも強い編集者だった。休日返上で漫画家のもとに通い詰め、「安ちゃん」と呼ばれ愛されていた。そんなにも夢中でがんばっていたのに、雑誌は廃刊になり、漫画家の信頼を失った。家族にまで愛想を尽かされた。だから彼は、働き方を変えるしかなかった。

そんな彼を菊地は「責められない」と言う。「理想だけで仕事ができる人は、この世にどれだけいるのだろう」と安井は独白する。和田もまた、「お前が確実に稼いでくれるおかげで、勝負するところで勝負できている」と彼に労いの言葉を投げかける。実際、彼が第6話までの間に、裏アカウントでつぶやくという設定で、視聴者に見せていた「週刊バイブス編集部」と新人・コグマ（心のニックネーム）観察記ともいえる言葉の数々には、書店員の河いわく「殺伐としたつぶやきなんだけど、漫画への深い愛情がにじみ出て」いた。だから彼は彼メイン回である第6話を経ても、別段変わらない。周囲もまた、彼のかつての苦しみを理解し、彼のいないところでそっとおもんぱかることはするが、干渉することはしないのである。

従来のテレビドラマなら分かりやすい「仕事に対する情熱」を支持し、「ヒロインの言葉によって男は失われた情熱を取り戻し、漫画家と明るい笑顔でやりとりするかつての彼に戻った」というような筋書きに向かいかねない。なぜなら登場人物の変化や成長こそがお仕事ドラマの見せ場だからだ。

でも本来会社にはいろいろな人がいる。それぞれの働き方があり、個性がある。だから面白い。『タンポポ鉄道』の八丹の担当を続けるためにフリーの編集者に転向するまでした菊地の秘めた情熱も、ドラマの中で多くは語られることはないが、その存在がしっかり生きているのもいい。安井が変わらないことを通して第6話が示した「働き方の多様性の肯定」は、2019年4月期の『わたし、定時で帰ります。』

（TBSテレビ系）はじめ、おのずと変化・模索していかなければならなくなった働き方改革（2019年から「働き方改革関連法案」施行開始）以降の「お仕事ドラマ」の先駆けとしての『重版出来！』を示しているのである。

野木亜紀子が描いた「才能」

「ピーヴ」。それは人間の可能性をコントロールする概念兵器であり、恐怖を映し出す怪物である。心が第4話で出会い、その作品の持つ独特な「不穏さ」に引かれ、担当することになった新人漫画家・中田伯の作品『ピーヴ遷移』に登場する怪物だ。自分を見いだした心を「女神様」と慕うほどの純粋さと、「一日一食しかもらえず、よく犬の首輪でつながれていた」という過酷な家庭環境が作ってしまった心の闇、さらには天才ゆえの無自覚な残酷さという、さまざまな要素を併せ持つキャラクターを永山が見事に演じていた。

「この作品で、中田さんが描こうとしているのは〝恐怖と支配〟です。（中略）恐怖心さえ持たなければ大丈夫なのに、人は恐怖を抑えられない。（中略）弱くて小さい人間だからこそ必死で抗うんです。（中略）弱いからこそ必死で、恐怖という支配から自由になろうとするんです。誰もが日々何かと戦っています。必死で戦う主人公の姿は、読んだ人たちに明日への勇気と希望を与えます。この『ピーヴ遷移』はそういう物語です」

これは、第9話において、心が『ピーヴ遷移』の魅力をプレゼンする時の言葉である。「ピーヴ＝恐怖心」と戦う主人公こそが、自分を支配しようとする母親への恐怖心からいまだに逃れられない中田自身であった。でも「ピーヴ」を恐れる人々は、彼だけではない。第8話において、主人公以外の登場人物のキャラクターが生きていないことに気付いた中田と心は、そこに三蔵山のアシスタント仲間であるムロツヨシ演じる沼田たちを当てはめることでキャラクターを生かすことに成功する。「主人公以外の登場人物たち」とは、こうも描写される。「悪に気付かない人々」であり

「彼らは真実から目を背ける」と。

自分の才能を信じたい沼田や東江が、自分に無いものを持っている中田を恐れているさまは、「ピーヴ」を恐れている人々そのものである。中田のネームに描かれた「ピーヴ」の幻影に襲われる沼田のシークェンスに象徴されるように。『ピーヴ遷移』は、過去のトラウマと戦う中田自身を描写した作品であると同時に、中田という天才が無自覚に近くに作ってしまう影にいる人々、沼田たちをも投影した作品なのであった。

20年追い続けていた「漫画家」という夢を諦め、家業を手伝うと故郷に帰っていった沼田渡を描いた回である第7話は何よりも切なく、秀逸な回だった。彼の悲しさは、相手に本当に伝えなければならないことを胸のうちにとどめたまま、自分をごまかすための自虐の言葉ばかり吐き出し続けてしまったことだ。これまで誰にも理解されなかったことを、中田に初めて理解された時、彼はそのことを悟り、「ずっと見ていたかった夢」を終わらせる決心をする。本作は、編集者と漫画家という関係性を通して、自分の思いを相手にちゃんと伝えることの重要性を描いた。そして、それがどんなに難しいかということもまた描いたのだった。

第8話における、大塚シュートの『KICKS』と中田伯の『ピーヴ遷移』を巡って繰り広げられた作家の「共感力」問題は興味深かった。共感力が高すぎる大塚と、逆に共感力が著しく低い中田。

大塚が描く漫画は「いいヤツしか登場しない」漫画である。「最初は嫌だなと思う人でも、見ていくうちにいいとこが出てきて、十人十色違うけど、みんないい人なんです」と彼は言う。一方の中田の漫画は、「ピーヴ」と戦う人々を描くことで、自分自身の弱さと対峙する自分と周りの人々の姿を描写しようとした。

この、作品を通して人間を描く、自分の目に映る「世界」を表現するための二通りのアプローチ方法は、漫画のみならず、テレビドラマや映画においても当てはめることができる。本作自体もそうだ。編集者たちを描く「お仕事ドラマ」パートは、前章の安井の例を挙げることができるように『KICKS』的であり、一方の漫画家たちを描くパートは、『ピーヴ遷移』そのものと重ねられている。余談であるが、特に『逃げ恥』以降、野木が描く作品の数々も、近年のテレビドラマのヒット作の多くがそうであるように、前者の作品が多いとされる。だが、「あくまで、世の中にはいろんな人がいるし、いていいよね、という話をしたい」（野木、前掲インタビュー）と野木自身が言及しているように「悪人がいないからこそしんどい世界」というさらなるアップデート版『獣になれない私たち』（2018年、日本テレビ系）を描いているということも特筆すべきである。

野木亜紀子が描いた「恋」

「恋」は、原作にはほぼない、ドラマならではの要素である。小泉と心の、主に小料理屋「重版」で繰り広げられる、ほほ笑ましい関係性のみならず、編集者と漫画家の関係性もまた「恋」という言葉に当てはめられる。第4話において五百旗頭は、編集者と漫画家の出会いを「運命」に例え、「出会った以上は全力で相手のことを思って、その気持ちに応える。その繰り返し」であると、心に「恋バナ」と解釈されるほど熱く、その関係性を語る。その言葉を受け、東江が担当に自分ではなく安井を選んだことに対して感じた痛みを「失恋」の痛みと捉えて心が泣くのもかわいらしい。

これまで常に作家と作品を優先しようと、自分の思いを内に秘めてきた、クールな五百旗頭が、高畑一寸（滝藤賢一）の作品に対する「好き」という感情を爆発させた第9話は、まさにそんな彼の「恋」の回であった。また、高畑・五百旗頭・心たちの絶対的ミューズである「ツノひめさま」を頂点に、中田の真のミューズである心も含め、3人のミューズが交差する回でもある。高畑のミューズであった梨音（最上もが）が去り、中田の作品の女性キャラ・アスミのモデルとなる、後田アユ（蒔田彩珠）が、中田の前に現れる。

本作の「恋」は、漫画を愛し過ぎる人々の、ちょっと異色の「恋」だったのである。

野木亜紀子が描いた「日常」

最後に、黒木華演じるヒロイン・黒沢心の話である。本作の冒頭は、彼女の踏ん張った足から始まる。彼女は、入社試験の面接を前に、これから働くことになる「興都館」の建物を挑むようににらみ据えていた。聳え立つ建物のガラスには、青空が映る。編集者として、「読者第一号」から「作家と読者の間をつなぐ架け橋」となり、担当漫画家の「伴走者」に成長した彼女は、最終回においても依然として、会社の建物を見上げている。柔道の日本代表候補だった彼女は、けがによりずっと見てきた夢を断念せずにはいられなかった人物だが、早過ぎる「第二の人生」としての彼女の編集者としての人生は、まだ序章にすぎない。東江に「失恋」し、担当である高畑や中田との関係性に戸惑い葛藤するけれども、まだ他の編集者たちのように、振り返るところにさえ立っていない。彼女はまだ、これからなのである。

ドラマは、あっけなく終わる。編集者たちは小料理屋「重版」で酔っぱらっている。壬生は「漫画を愛している。それだけじゃ駄目なのか」と零す。それに対して五百旗頭は「まあ売り上げはないとね」と答えつつも「壬生さんはいい編集者だと思います」ととりなす。それを聞いた酒に弱いらしい安井が「愛だ? 愛なんてなー」と泣いていて、そんな彼を見て五百旗頭が「安井さんはね、やり方が極端なんですよ」と突っ込んでいる。

　このやりとりがいとおしくて、永遠に見ていたくなる。ドラマは一話約45分で、その都度その都度、問題は一応解決するが、人生はずっと続く。壬生回（第3話）も、安井回も一応の終わりがあるが、彼らの人生は続き、葛藤も尽きない。だからこそ、彼らは酒を飲みながら、一話では収まり切れない、彼らの人生の続きを、零れた思いを吐露している。互いのことを気遣いながらも、直接は干渉し合わない、心優しい人たちは、酒の力を少しばかり借りて、いつもより少しばかり大胆になる。

『ピーヴ遷移』の重版出来決定に喜び、全員で一本締めをして、次の日もまた、いつも通り、彼らは働いている。本に救われたから。自分がこれから作る、あるいは売る一冊が誰かの世界を変えるかもしれないから。「毎日は続いていく。今日もまた、生きていく」そんな心の言葉で、ドラマは終わる。

　わいわいにぎやかな彼らの日常は、私たちの日常に繋がり、今もまだ、続いているのである。

逃げるは恥だが役に立つ

ストーリー

就活で内定ゼロ、大学院を卒業するも派遣切りにもあい求職中の森山みくりは、父親の勧めにより、プロの独身を自負する会社員・津崎平匡の家事代行で働き始める。両親が田舎に引っ越すことになり、家を失ったみくりは平匡に「契約結婚」を提案。夫が雇用主で、妻が従業員の周囲に秘密の新婚生活が始まり、男女間のさまざまな問題をふたりで乗り越えていく。

『逃げ恥』はなぜ
社会現象になったのか

佐藤結衣

「理解」と「再構築」が起こした〝『逃げ恥』のミラクル劇〟

「『逃げ恥』は、いろいろなピースがぱちっとハマったようなドラマ」とは、『逃げるは恥だが役に立つ』（２０１６年、ＴＢＳテレビ系、以下『逃げ恥』）で、ヒロイン・森山みくりを演じた新垣結衣が語った言葉だ。脚本家・野木亜紀子自身もその言葉に「まさにそれで、こんなミラクルはめったに体験できることではありません」（『逃げるは恥だが役に立つ　シナリオブック　制作陣が明かすドラマの舞台裏話満載！』２０１７年、講談社）と共感の意を示している。

多くのドラマを見てきた人ならば、きっと痛感しているはずだ。どんなに名作を創り上げてきた制作陣でも、どんなに人気のあるキャストを集めても、どんなに心弾む主題歌が歌われても、そしてどんなに多くの読者から愛される原作であっても……必ずしも面白いドラマになるとは限らないことを。

それを感じているのは、ドラマ制作に携わる人たちも同じようだ。毎回、面白いドラマになるようにと走り出しているにも関わらず、狙ったからといってその「ピースがハマった」状態になるわけではないもどかしさ。それを誰よりも知っているからこそ、その渦中にいた当事者たちが「ミラクル」だと感じているのかもしれない。

『逃げ恥』には、実に100名近い制作陣が携わったという。そして、ご存知の通り個性的で才能豊かなキャストが集結した。世界観を盛り上げる主題歌、そして原作が持つ知的で斬新なテーマ……そんなピースたちが見事に「ぱちっとハマった」状態となったのは、テレビドラマの骨子となる脚本の安定感、そして引き込む力があればこそだったと思う。

「原作モノの名手」と呼ばれる野木の脚本。単純に原作をトレースするだけにとどまらない、テレビドラマとして描かれる意味を感じずにはいられないという意味で、高い評価を得ている。彼女が原作モノを手掛ける際には、確固としたこだわりがあるという。それは「原作の哲学を遵守する」こと。

先述したシナリオブックの「あとがき」には「私が思う〝作品の根幹〟が果た

して正しいのか、勝手な思い込みではないのか、常に自問自答しながら書いている」という脚本家としてのポリシーと、同時に「〝踏み外していませんように〟と願いながら、信じた道をひた走る」という覚悟がつづられている。

原作が伝えたいと願う物語の根幹への「理解」と、テレビドラマだからこそ見せられるものへ昇華していく「再構築」の作業。その手腕を、原作漫画『逃げるは恥だが役に立つ』(2012年~2020年、講談社)の作者である漫画家・海野つなみは「野木マジック」と名付けて称賛した。

尊敬と尊重をベースにした「理解」と「再構築」。そして「自問自答」を繰り返しながら「信じた道をひた走る」とは、『逃げ恥』という作品の持つ哲学そのものでもある。野木が常に掲げるポリシーと覚悟が、原作漫画の哲学と呼応する。そんなところもきっと「ぱちっとハマったドラマ」といわれるゆえんなのかもしれない。

野木は、かつてインタビューで「ドラマで語るべきテーマは無限にある」と語っていた。その作品が放送されるタイミングで、どんな風が吹いているのかを感じ取り、リアルタイムで台本に組み込んでいくのがテレビドラマの醍醐味だと。『逃げ恥』がオンエアされた２０１６年は、時代のうねりと共に「普通」が揺れ動くような空気があった。天皇生前退位に関する報道や国民的アイドルSMAPの解散騒動が連日取り沙汰され、何十年と続いてきた当たり前が決してそのまま続くわけではないことを痛感させられた。さらにマイナンバー制度の開始、ＶＲゲームの流行など新しい技術やシステムに取り込まれていく感覚も。

これまでの延長ではない、新しい時代がやってくる。私たち一人一人も、この「理解」と「再構築」が必要になっていくに違いない。そんな予感に包まれたタイミングだったからこそ『逃げ恥』の〝変化を前向きに取り入れていくヒント〟が多くの人の心に響いたのかもしれない。

既存の価値観やこれまで「普通」とされていたこと、そして自分自身が立たされている現状をありのままに受け止め、自分にとってよりよい未来へと繋がる新しい「幸せ」を築いていく。『逃げ恥』は、それぞれが自分を縛り付ける「生きづらさ」から、解き放つ時代に求められた希望の物語だった。

「それなりに幸せ」な自由と、「誰かに選ばれたい」孤独の間で

『逃げ恥』で描かれた登場人物は、「それなりに幸せ」な人たちだった。生活に困窮するほどの切羽詰まっている人はいないし、ひとりでも生きていけるだけの自由と安定がある社会。しかし、「それなりには幸せだけど……」と、どこか満たされない思いを抱えている。

それは、きっと便利な社会が定着した現代日本の落とし穴だった。面倒くさいことを取り除いていけば、誰もが幸せに暮らせると思われていた時代の副産物。便利を求めるほど、それは誰かと生きる面倒くささまで切り捨てることになりかねない。

「人はひとりでは生きられない」とは誰かの手を借りて生きることだけを指す

のではなく、「誰かに選ばれたい」という他者との関係性でしか得られることができない何かがあるということだ。

しかし『逃げ恥』のメンバーを含め「個の時代」「自己責任の時代」を生きる私たちは、人に迷惑をかけないように、面倒くさい存在にならないようにと、他者との距離を取りながら、それをどうやって手に入れられるのかと、相反する欲求を抱いてもがき続けているのかもしれない。

例えば、主人公・みくりは、大学院修了という高学歴を誇りながらも、就職活動は壊滅的な結果に終わった。女性が学歴を求めることも難しかった時代からは、大きな進歩。だが、まだ希望するキャリアを築くことができる女性はほんの一握りという、乗り越えられていない厳しさも。

それでも前向きに派遣スタッフとして事務職に就くみくり。しかし、契約更新のタイミングで切られてしまう。仕事はしっかりとこなすタイプにも関わらず、だ。どんなに前向きに取り組んでも報われない。ここぞというところで選ばれない。

「みんな誰かに必要とされたくて、でも上手くいかなくて、いろんな気持ちをちょっとずつ諦めて、泣きたい気持ちを笑い飛ばして、そうやって生きているのかもしれない」思わず、そうつぶやくみくり。厳しい現実に直面したとき、みくりはひとりで往年の人気テレビ番組の脳内パロディを繰り広げる。それは、現実逃避でありながらも、自分自身を客観視するというみくりなりのライフハックなのだ。

どうやったって、そうしたメジャーな番組に取り上げられることは一生ない、誰からもスポットライトを当てられないちっぽけな自分の人生。まるで呪縛のように染み付いたそんなコンプレックスには、かつての恋人から投げかけられた「小賢しい女」という言葉が象徴的に響く。

きっと自分が選ばれないのは、いつも良かれと思ってした提案が喜ばれないところにある。社会から求められるのは、いつだってニコニコと笑顔を振りまく物分かりのいい女性で、自分のように分析や批評ばかりをする女はウザがられて嫌われてしまうのだ。かつての恋人に指摘されたように。その呪いは、選ばれない現実に傷つくたび、さらに色濃くみくりの心を縛り付けていく。

そんなみくりの理解者として登場するのは、伯母の百合（石田ゆり子）だ。化粧品会社で広報として働くアラフィフで、やりがいのある仕事に悠々自適な生活を送っている。だが順風満帆に見える彼女も、交際や結婚の経験がないという部分だけは人生で大きなものを置き忘れてきてしまったような気持ちになっていた。

「こんなことなら深く考えないで結婚しとくんだった。未婚よりバツイチの方がまだ生きやすかったって思うのよね」と零すように、「結婚＝誰かに選ばれた」というイメージがこの社会には確かにある。「バツイチ＝一度でも誰かに選ばれた」、「未婚＝一度も誰にも選ばれたことがない」という印象を持たれるということ。

だが、結婚という手続きを経たからといって、一生心が満たされるわけではない。みくりの親友・安恵（真野恵里菜）は結婚をし、子どもを生み、育て、料理や洗濯もこなすが、夫の口からは感謝の言葉はなく、揚げ句の果てに浮気疑惑が浮上する。結婚をすれば誰かに選ばれてハッピーエンドというわけではないのだ。

もちろん、「選ばれない」というモヤモヤを抱くのは女性だけではない。平匡（星野源）もIT企業で着実にキャリアを築いてきたひとり。35年間彼女がおらず、結婚の話が出ても「自分には一番、縁遠いもの」と一蹴してしまう。そして自分のことを「プロの独身」だと主張し、拳を握り締めるのだ。

また、平匡の後輩でスーパーハイスペックイケメンの風見（大谷亮平）も、埋められない何かを抱えている。「結婚になんのメリットがあるんだろう。面倒が増えるだけじゃないかな。無くても困らないものをわざわざ買う？」と言い放つ。実に華やかな日々を過ごす恋愛強者らしい発言に聞こえるが、その言葉の裏ではなかなか本気で誰かを好きになることができない物寂しさもうかがえる。

「男らしさ」や「女らしさ」を強要する発言や、結婚・キャリアについて他者が価値観を押し付けることは、ナンセンスだという風潮が広まった一方で、「これが幸せ」というテンプレートもなくなってしまった。誰もが自分なりの幸せの正解を求めてさまよっている時代でもある。

「私はこれでいい」「人生なんてこんなものだ」と自らレッテルを貼ることで、それ以上の他者からの介入を避け、自分自身を守って生きている人も少なくない。たしかに、十数年前に比べたら「個」として生きることが許されるようになったかもしれない。それはある種の生きづらさから解放されたようにも見えるが、それゆえに「孤」を感じる影の部分も同時に生まれた印象だ。

ひとりで生きることはできても、ひとりでは育まれない自尊感情が確かにある。だが、もはやその欲求は今の「普通」と言われる形の仕事や恋愛、結婚で満たされるものかも分からない。そんな混乱した現代に「雇用関係としての結婚」という新しい思考的実験を提示したのが『逃げ恥』の挑戦だった。

満たされない登場人物たちを愛すべきキャラにした脚本力

そんなモヤモヤを抱えた人物たちが、海野つなみによる原作漫画ではモノローグを中心に冷静に語られていく。彼らを取り巻く状況、周囲にいる人物の個性や考え方も、読み物ならではの速度で読者に伝わってくるのが特徴的だ。「雇用関係としての結婚」という突拍子もなく聞こえる実験的な取り組みに至るまでの思考も丁寧につづられているので理解しやすい。

ところが、それが実写版のドラマとして生身のキャストが演じると、もっとスピード感のある形で届いてしまう。キャラクターたちの個性や人間的魅力の理解よりも先に、彼らが抱えている影の部分がにじみ出てしまい、ともすればくせ者として映りかねない。登場人物たちに感情移入をすることができなければ、物語に没頭するのは難しくなる。

そんな漫画からのドラマ化に伴うギャップを埋めるのも、脚本家の腕の見せどころだった。そこで「野木マジック」と呼ばれる作劇の数々が光る。例えば、言葉に表れない動作の部分。

最終話に百合がみくりの頭をくしゃくしゃになで回すシーンがあるのだが、これは第1話で百合を演じた石田ゆり子が監督から「かわいくて仕方がない姪っ子」という説明を聞いて、とっさに出てきたしぐさだという。それを聞いた野木は、ふたりの関係性が見えること、そして何よりもふたりのかわいさが引き立つと考え、最終話にも組み込んだそうだ。

また、平匡がバスの中でみくりから「夜の生活のほうは？」と尋ねられて動揺した際にスマホを落としそうになったしぐさを見て、野木自身が「もう一度見たい」と熱望し第7話で再度似たようなくだりを追記したという話も。現場でキャストたちの中から湧き出たキャラ造形を台本に追記していくことで、より一人一人の愛らしさが繊細に伝わる。その一つ一つを取り入れていく瞬発力が、野木作品には共通して見られる。

なかでも、クセの強さという意味では『逃げ恥』のトップ2ともいえる、平匡の同僚でゲイの沼田（古田新太）と子煩悩な日野（藤井隆）。鋭い視点でみくりと平匡の夫婦関係を見抜いていく沼田や、悪気なくグイグイと距離を詰めていく日野に、ハラハラとした視聴者も少なくないはず。だが、それは最終的に憎めない存在として映ったことだろう。

古田新太と藤井隆のアドリブ合戦に、星野源が笑いをこらえるのに必死だったというのは、メイキング映像でもファンを喜ばせたところだ。彼らがそんな遊び心を持って芝居することができるのも「沼田ならこんなことも言うのではないか」「日野ならこんな受け答えをするのではないか」と、台本からそれぞれのキャラクターがしっかりと伝わっていればこそだ。

そんなクスッとさせてくれるふたりのやりとりの中に、「結婚してんだし当たり前にパッションでしょ？」（日野）、「日野くん、当たり前が当たり前じゃないこともある」（沼田）と、普通や当たり前に対して丁寧に読み解こうとする『逃げ恥』らしさを感じさせるせりふが、さらりと組み込まれているのもニクい演出だ。

さらに、モノローグに関するテクニックも見せてくれた。漫画ではキャラが入れ代わり立ち代わり心の声で語っていく場面が続いても、読み手にはすんなり受け入れられる。だが、ドラマではそうはいかない。

あまりに説明し過ぎては物語全体が薄っぺらい印象になる。だが、あまりに語られないと、視聴者を置き去りにしてしまう。そこで野木は感情の変化を直接的な言葉を用いずに、みくりと平匡の思いをWモノローグで表現することで、くっつきそうでくっつかない曖昧な時期を実に魅力的に演出してきた。

そして特筆して演出力が優れていたのが、第8話で風見が自身の過去の恋愛話をしたシーン。中学生の頃から派手でモテる風見にとって、人生初の彼女はどちらかといえば地味なタイプだった。そんな彼女の自信のなさから、苦い思い出になってしまった……というエピソード。実は原作ではこのシーンはモノローグでつづられていたのだが、ドラマでは百合が運転する車中で平匡もうっかり聞こえている中で語る会話劇として描かれている。

風見にとって百合が過去の思い出を赤裸々に話せる相手となったという距

離感の変化。同時に平匡が自信のなさからみくりにとった行動を見直すきっかけにもなっていくのが、実に見事だった。風見が語るに至った心境の変化とシチュエーション、そしてみくりと平匡を中心に進むストーリー展開へのつながり……。原作とドラマ、似ているけれど異なる世界線のどちらも知っているファンにとっても違和感なく、ごく自然にその流れを受け止められるのは、物語の根幹にある哲学をつかんでいるからこそできたことだろう。

『逃げ恥』らしい名言を、より印象深くしたドラマオリジナルの設定

ドラマオリジナルの取り組みとして最も印象的な設定の変更は、みくりと平匡の「ハグの日」を毎週火曜日にしたことだ。原作では第2と第4金曜日のところを、ドラマ放送日の火曜日にそろえたことで、火曜日が近づくたびにドキドキするみくりと平匡と同じ気持ちを、視聴者も共有することがで

きた。

「いつだってまた、火曜日から始めよう」という最終話のみくりのモノローグには、ドラマが終わったとしても火曜日のたびに、『逃げ恥』で見つけた「幸せになるヒント」を思い出すことができる魔法の言葉として心に染みた。ドラマの世界と、視聴者がいる世界とをつなぐ接点を作っていく細かな仕掛けも「野木マジック」の一つといえるだろう。

また、百合が言い放った「自分に呪いをかけないで」という言葉も、多くの視聴者の心を打った名せりふ。原作者の海野つなみによると、百合はもともと原作漫画で脇役的存在の予定だったのだが、想像以上に読者の支持が集まり、エピソードが増えていったという。

そこに野木は、ドラマのオリジナルキャラクターとして、百合の部下・梅原（成田凌）と堀内（山賀琴子）を登場させることで、百合の職場での様子も描かれた。きっと梅原、堀内に慕われる百合を見ることで、彼女が築き上げてきた「幸せなアラフィフライフ」も視聴者にしっかりと伝わったのではないか。

先述した百合の名せりふは風見を狙うポジティブモンスターこと五十嵐（内田理央）が百合に対して真っ向から勝負を仕掛けてきた時のもの。若さこそ自分の最大の価値と信じて疑わない五十嵐は「50歳にもなって、若い男に色目を使うなんて、虚しくなりませんか？」と挑発する。しかし、百合はそんな五十嵐の言葉に、憤るどころか悲しげな表情を浮かべて、こう諭すのだ。

「私が虚しさを感じることがあるとすれば。あなたのように感じている女性が、この国にはたくさんいるってこと。今あなたが、価値がないと切り捨てたものは、この先あなたが向かっていく未来でもあるのよ。自分が馬鹿にしていたものに、自分もなる。それって辛いんじゃないかな。私たちの周りには、たくさんの呪いがあるの。あなたが感じているのも、その一つ。自分に呪いをかけないで」

その言葉を受け取った五十嵐は、風見経由で百合に「幸せな50歳を見せて」と伝えてくる。そのやりとりに、私たち一人一人が明日の「普通」を作っているのだと気付かされる思いだった。私たちを取り巻く空気も風も、常に変化している。その風向きを変えるのは、権力者による大きな力だけではなく、一人一人が紡ぐ「幸せ」。その方法は、まだ見つけていないだけできっと無限にあるはずなのだ。

幸せになる方法とは、発明だ。それまで誰も知らなかった形の幸せが見つかれば、それはいつしか「普通」になる。見たことがないから「普通じゃないのでは」と不安になり、その選択肢を拒絶してしまいたくなるのだ。

『逃げ恥』には、多くの「普通じゃない」と言われそうな人たちが、幸せになっていく姿が描かれる。恋愛経験が少ない人、未婚の人、セクシャルマイノリティな人……「普通」がどんどん変わっていくタイミングにこそ、自分たちが新しい「普通」の人になればいいと背中を押すドラマとして完成したのだ。

『逃げ恥』らしさ＝多くの人の生き方、楽しみ方を肯定すること

そんな「新たに普通を作ろう」という大きな「肯定力」を持つドラマだからこそ、『逃げ恥』がこれだけ多くの人に親しまれたのではないだろうか。既存の考え方に対する「理解」と、自分なりの「再構築」。それを最終的に「肯定」してくれる誰かがいてくれることで、私たちは励まされ、救われ、頑張り続けることができる。

この「理解」「再構築」「肯定」は連動していて、「肯定」されることで自信と余裕が生まれて新たな「理解」「再構築」「肯定」へ……と続いていく。『逃げ恥』における、そのスパイラルの最初の一手となったのが、脚本家・野木亜紀子の仕事ぶりだったのかもしれない。

原作漫画への「理解」から「再構築」した脚本をもとに、スタッフたちの細部にまでこだわった小ネタやキャストたちのアドリブなどさまざまなアウトプット

が生まれ、野木はそれらをオンエア時には野木自らTwitterで撮影裏話や小ネタとして披露し「肯定」していった。

それを見た視聴者もドラマを受け取るばかりではなく、自らも参加していく楽しみ方も浸透していった。「恋ダンス」の流行も、その楽しみ方を「肯定」した一つ。キャストと共に主題歌に合わせて踊るというのは、これまでもアニメやドラマで取り入れられてきた動きではあるものの、世の中におけるＳＮＳや動画配信サイトが浸透した時期と重なったという意味でも、まさに「ハマった」タイミングだった。

ポップで軽やかな〝ムズキュン〟ラブコメとして楽しむ人もいれば、原作漫画に通じる社会に漂う「生きづらさ」を見つめていく社会派ドラマとして何度もそしゃくする人も。その楽しみ方の多様性を認めていく姿は、そのままさまざまな生き方を模索する人々を肯定することにもつながっていった。

自分自身を縛り付けているものが何かをよく見つめていくと、そこには「否定」が付きまとう。選ばれなかった悲しさ、拒絶された恥ずかしさ、思いが届かなかった悔しさ……大小さまざまな「否定」が積み重なって、自分で自分のことを「否定」するスパイラルに飲み込まれてしまうことがある。

みくりは「小賢しい女」と言われた過去から、平匡の「小賢しいって、相手を下に見ていう言葉でしょう。僕はみくりさんを下に見たことはないし、小賢しいなんて思ったこと、一度もありません」と、その個性を認めてもらえたことで解き放たれる。そんな平匡もまた、みくりが何度も何度もノックして心のシャッターを開けようとしてくれたことから、自信を持ってみくりを愛することができるようになった。

例の「いつだってまた、火曜日から始めよう」と最終話のラストに投げかけられたみくりのせりふは、自分をそして目の前の誰かを「肯定することから始めよう」という呼びかけにも聞こえてくる。

「運命の人なんていない。運命の人にするの」そう第8話で、みくりの母・桜（富田靖子）がドラマオリジナルのせりふとして語っていたように。誰かと共に生きていくこの社会にゴールなんてものはなく、自分自身が「肯定」されるまで思考的実験は続くもの。そのエールを送るせりふで締めたのも、野木が示した『逃げ恥』らしさなのではないだろうか。

試行錯誤の連続が、愛情の連鎖に

それはドラマ作りという場においても、同じことが言えるかもしれない。『逃げ恥』はとにかくスタッフたちによる工夫と、それを楽しむ余裕が至るところに感じられた。シナリオブックには各話の裏話や小ネタがびっしりと記されている。

例えば、ほんの一瞬しか映らない赤マジック一つ取っても、マッキーの部分が新垣の愛称「ガッキー」になっているこだわりよう。みくりと平匡が乗る電車のつり革がよく見るとハート型になっていたり、宿泊した温泉旅館の二部屋が精巧に作り込まれたセットだったり……その細かな仕事ぶりに頭が下がる。あの平匡がスライディングして受け止めたマムシドリンクのパッケージも美術スタッフによる渾身の作品だという。

さらに、妄想パロディシーンについても力作そろいだ。原作では「あの番組のパロディだな」と伝われば十分だったものも、テレビで実写化するとなれば本物に見まごうばかりのクオリティが期待されるのは当然のこと。

野木には、スケジュールや予算、さらに脳内再生するみくりの心情を加味しながら、最適なパロディネタをチョイスする必要があった。ときにはシビアに現実を語る番組に、ときには抑えきれないワクワクを反映する心弾む番組に……。

そうして『情熱大陸』（１９９８年～）『NEWS23』（１９８９年～）『ザ・ベストテン』（１９７８年～１９８９年）『関口宏の東京フレンドパークⅡ』（１９９４年～２０１１年）などTBS系列の番組だけでなく、『開運！何でも鑑定団』（１９９４年～、テレビ東京系）や大河ドラマ『真田丸』（２０１６年、ＮＨＫ）とテレビっ子だった野木ならではといえる、時代もテレビ局も越えたバリエーションに富んだパロディシーンが誕生した。

また、スタッフたちもその再現には本気モードだったというから面白い。中でも、ドラマオリジナルで描かれたアニメ『新世紀エヴァンゲリオン』(1995年〜1996年)のパロディは、テロップに使われるフォントの初期版と最新映画版の違いについても論議されたほどの熱の入りようだったとか。

ちなみに、チアリーダー姿のミニサイズのみくりについては、物語の進行上やらなくても問題はなかったのだが、「見たいからやりました」と野木。撮影と合成にかなりの手間と時間を要したそうだが、それでも実現したのは「より楽しいドラマにしたい」という気概に他ならない。

また、最終回では日野の妻役として、日野を演じる藤井隆の実際の妻である乙葉がサプライズ登場するという演出も大きな話題となった。

普通ならばそこまで手を掛けないかもしれない。でもやった方が、自分も楽しいし、きっと相手にも楽しんでもらえる。そんな幸せを願う試行錯誤に、私たちは「愛」が宿っているのだと感じる。

そして愛情があるからこそ試行錯誤ができるし、その挑戦が繰り返されるからこそより愛情が深まる。その愛情の連鎖が、きっとこれまでの「普通」を越えた、幸せの再構築へとつながっていくに違いない。

『逃げ恥』的思考実験は、形を変えて続いていく

ここで一つ注意したいのが、「愛情の連鎖」と「好きの搾取」とはまったく別のものだということ。平匡がリストラを受けたことで、正式に結婚し、みくりに支払っていた給与をふたりの貯蓄に回すという提案をした際に出てきた話題だ。

最初にうまくいっていた方法も、状況が変わってしまえば改善しなければならなくなる。平匡のリストラを受けてみくりは新しい仕事を始める。時間的

にも金銭的にも大きな変化に直面するだけでなく、二人の間にある愛情という精神的な変化も加わった。目に見えにくい愛情という要素は、すぐに「あって当然」というおごりにつながってしまう。

必要とされたいから、自分の居場所が欲しいから、愛情を求めて、人はプラスアルファの成果を目指す。だが、その労働に対する正当な評価がなければ、それは搾取になってしまう難しさ。そして、そのブラックな労働環境は家庭内でも十分起こりうることなのだと真正面から話し合うのだ。

雇用としての結婚を描いた『逃げ恥』は、かつてのトレンディドラマのような恋愛に対するエネルギーが高くない世代に「結婚の入口を恋愛だけに固執しなくてもいいのではないか」という提案を見せてくれただけでなく、すでに結婚をしている世代に対して「家事という労働に正当な評価がなされているか」を議論するきっかけを作った。

結婚してから恋愛感情が生まれる流れは、ラブコメディらしい夢のある展開として多くの視聴者の胸を高鳴らせたが、家事労働に関する現実的な議論については一石を投じたところにとどまった印象もある。それだけ誰がやってもいい仕事に対する評価というのは、日本社会においてダークマター扱いだったということ。

　そして、野木はそんな『逃げ恥』の批評として『獣になれない私たち』（２０１８年、日本テレビ系、以下『けもなれ』）が生まれたとインタビューで語っている。目に見えにくい自分の価値を認めることができた『逃げ恥』。しかし、まだ「してもらって当然」とされてしまっているエネルギーや労働価値をうやむやにしない社会になるようにと『けもなれ』を作った。

『逃げ恥』から『けもなれ』へ。そして『アンナチュラル』（２０１８年、ＴＢＳテレビ系）、『コタキ兄弟と四苦八苦』（２０２０年、テレビ東京系）、『MIU404』（２０２０年、ＴＢＳテレビ系）。「どうしたらより幸せな社会になるのか」「どうしたら今描く意味のあるドラマを作れるのか」と、語り切れなかったテーマを次の作品へとつなげているとも。そんな常に試行錯誤する野木作品の根底には、『逃げ恥』的思考実験が続いているといえるのかもしれない。

それは、きっと『逃げ恥』というドラマに触れた全ての人の中にも通じているように思う。もしかしたら『逃げ恥』を見たことをきっかけに、パートナーとダイニングテーブルを囲んで話し合うことを始めたカップルが、曜日を決めてスキンシップを取るなど自分たちのルールを作って距離を近づける挑戦を続けている夫婦がいるのではないか。

「普通じゃない」と隠していた自分を信頼できる人たちにカミングアウトする勇気をもらった人。当たり前だと思っていた仕事に感謝するように意識が変わった人。そしてそんな自分たちを認めて、その試行錯誤に愛情を感じながら暮らしている人たちが増えたのではないか……そんなふうに考えたらやっぱり『逃げ恥』という作品に、希望を感じずにはいられない。『逃げ恥』はこの正解のない時代を生きる私たちの中に、今もこれからも形を変えてぱちっとハマり続けていくはずだ。

『逃げ恥』が変えていくリアル

文＝佐藤結衣

続編を描く背中を押した、野木亜紀子の言葉

２０１６年10月期に連続ドラマとして放送され、社会現象となるほど人気を集めた『逃げるは恥だが役に立つ』。初回オンエアより一度も視聴率を下げることなく、最終話では総合視聴率30％超という驚異的な数字もたたき出した。これほどの熱い支持を集めるドラマだっただけに続編を求める声が絶えず、ついに２０２１年１月２日にスペシャルドラマ『逃げるは恥だが役に立つ ガンバレ人類！新春スペシャル!!』として放送された。

ファン待望の続編ドラマの決定。また、その背景で繰り広げられていたやりとりも『逃げ恥』ファンを喜ばせる物語があった。筆者が漫画家・海野つなみにインタビューしたところ、原作漫画の連載が終了した際、すでにＴＢＳからいつか続編を実現させることを前提に「続編の漫画を描いてほしい」という意向が寄せられていたそう。

しかし、ドラマとはまた異なる形でエンディングを迎えていた原作漫画。続きを描くとしても、つじつまが合わなくなる部分が出てきてしまうことを懸念していたというのだ。そんな時に、背中を押したのが脚本家・野木亜紀子だった。

ドラマが終わった頃から、食事や舞台観劇などを重ねていたふたり。『逃げ恥』の続編を描くことにちゅうちょしているタイミングで、野木とのランチがあったことから相談を持ちかける。海野が「いっそ漫画ではなく小説で書くのも手ではないか」と思っていることを伝えると、野木からは「みんな漫画が読みたいはずですよ」と気持ち良いほどに真っすぐな声が返ってきたという。これには、海野も「そうよねー」と笑ってしまったそうだ。

さらに痛快なのが、「つじつまが合っていない部分は、任せてくれたら私がなんとでもするから」という野木の意気込みだ。いつか実現するかもしれないドラマのことを気に掛けながら描くというプレッシャーを感じているのなら、その心配はまったくしなくていいと大船に乗った気持ちにさせてくれる言葉。人気と共に期待も大きく育った『逃げ恥』を、一緒に背負っていこうという気概を感じられる。海野も「そこで続編を描く覚悟が決まったんです」と振り返っていた。

描かなければならなかった、もう一つの呪い

そうして描かれた10巻・11巻では、みくりと平匡が妊娠・出産を経験することに。子を持たない夫婦として歩んでいく案もあったというから興味深い。だが、妊娠・出産という大きな節目に直面することで、避けよ

うのない男女の違いを突き付けられる。そのタイミングだからこそ、見つめていくべきテーマがあった。

最初の連載そして連続ドラマで「女性の呪い」を議論する流れがあった中で、続編では「男性の呪い」についても向き合っていきたいと考えたそう。なかなか進まない選択的夫婦別姓、まだまだ男性が取得するにはハードルが高い育児休暇、負担が増える一方の共働きでの育児……。思わず「女も男もつらいよ」と嘆きたくなる現実を前に、再びみくりと平匡はダイニングテーブルを囲んで話し合っていく。

結婚をしたら、女性が名字を変えて、女性が家事をして、女性が主体となって育児をして……そうしたイメージがあるということは、裏を返せば「男性なのに名字を変える？」「男性なのに家事をする？」「男性なのに育児を？」という思い込みもあるということ。その縛り付けは、もしかしたら「同じ」や「共感」を求めたくなるホモソーシャル（同性同士のつながり）の方が強いかもしれない。

「男ならこの話題で盛り上がるはず」と特有のノリで盛り上がれる人同士ならば問題はない。だが、そのノリに付いていけない人をコミュニティから排除したり、見下したりする風潮が付随してくると、それは途端に生きづらさへとつながってしまう。特に、こうした話題は誰かを排除や見下すことができる、強い立場にいる人によって盛り上がることが多いからだ。

「自分さえ我慢していればいい」「おとなしくしていればいい」と、人知れず打ち消そうとするモヤモヤに、改めて「本当にそれで解決するのか」とスポットライトを当てて考えてみる。意識したことがなかった人にはちょっとした気付きを、息苦しさを感じていた人には小さな風穴を開けてくれる。いきなり全てが変わるわけではないかもしれないけれど、そのささいな変化を起こすことができるのだと教えてくれるのが『逃げ恥』らしさだ。

世界が変わった2020年を描くスペシャルドラマに

どんなに小さな違和感も決してなかったことにせず、より心地よく過ごすために思考し続けることが『逃げ恥』の哲学。その筋が通った続編漫画を、いよいよスペシャルドラマにするというタイミングで、私たちの暮らしは大きく変わった。

2020年、新型コロナウイルス感染症による世界的なパンデミック。海野は続編のドラマ化に当たって「今の状況を入れてほしい」と依頼したと話す。「私自身あと半年連載の予定が長かったら、きっとコロナ禍のエピソードは描いていたと思いまして」と。

もちろん、ここで問われるのは脚本を担当する野木の実力だ。原作漫画にある出産・育児を主軸としたホモソーシャルや「男性の呪い」などのテーマと、人類と未知のウイルスとの戦いとをどのように展開していくのか。原作にはない物語を、現実と地続きに描く。そんな難題に野木は挑まなければならなかった。

スペシャルドラマのサブタイトルにある「ガンバレ人類！」とは、野木が台本を執筆している初期の段階で思い付いたものだと明かしている。「とりあえずで」と言っていたが、人はポロッと出た言葉にこそ真意が詰まっているものだ。野木は、常々ドラマで語るべきテーマがあると話している。２０２１年１月、まだ先の見えないコロナ禍にいる私たちに伝えたかったのは「ガンバレ」というエールに他ならなかった。

経験したことのない妊娠・出産・育児をこなすべく、ナーバスになっていくみくり（新垣結衣）。男として責任を果たさなければと気負いながらも、自分たちらしい育児を目指そうと必死な平匡（星野源）。しかし、慎重に話し合ってきた計画をなぎ倒すように、新型ウイルスの脅威が生活を変えていく。

消毒、マスク、ソーシャルディスタンス……「新しい生活様式」が日常生活に流れ込むなかで、幾度となくふたりの絆を確かめてきたハグもままならない。さらに、育児休暇を返上して働くことを余儀なくされた平匡に対して、みくりは娘の亜江（あこう）を守るために疎開を決意し、物理的にもどんどん距離が離れていく。

野木の現実を見つめるまなざしは、ときに「リアルがあとからついてくる」ともいわれることもあるほど厳しい。そのヒリヒリとした展開に、ムズキュンを期待していた視聴者にとっては苦しい時間にもなったに違いない。だが、まさしくそれが２０２０年の現実だった。

それでも、野木は平国にこうつぶやかせる。「大丈夫、大丈夫だまだ。世界はまだ、こんなにも美しい」。目を伏せたくなるような現実が押し寄せたとしても、世界を恨みたくなる日がやってきたとしても、きっとまだ大丈夫。また、共に頑張れる。

いつか見えなくなるもの、『逃げ恥』を超えてゆけ

かつてあった「普通」が大きく揺らいでいるのを感じていた２０１６年。しかし、そこから約４年、私たちの暮らしは進んでいるようないないような日常を過ごしていた。変わってほしいと思うことはなかなか動かず、手を付けなければならないことも遅々として進まなかった印象さえあった。

野木はインタビューで2011年に起きた東日本大震災から10年が経過してもなお、何も解決しないまま忘れ去られてしまいそうになっている現実を憂いていた。そこに輪を掛けて発生した2020年のコロナショック。「ああ、これでまた澱がさらに積み重なったと」とも。

「もっといろんなことを自分たちで考えていかなきゃいけないし、作っていかなきゃなという気持ちになりました」。社会を変えていくことは難しい。それでも、ドラマを通じて少しでも世界が美しくなるようにと願い、戦い続けている脚本家がいる。それが混乱の世の中を生きる私たちの一つの希望だ。

先日、新垣結衣と星野源が結婚を発表した。雇用関係の契約結婚から、本物の恋愛感情が芽生え、夫婦となったみくりと平匡。そんな物語の中だけだと思われた展開が現実になった。ドラマからリアルへ。『逃げ恥』に込められたさまざまな願いも、フィクションのままにとどまらず、リアルを変えていくことになるかもしれない。ふたりを祝福する声の中には、そんな願望も含まれていたかもしれない。

ルールやしがらみ、ときには自分自身を縛り付ける呪縛からも解き放たれるように。そして、それぞれが考える「幸せ」を互いに認め合える、寛容な社会になるように。いつか『逃げ恥』を通じて、そんなことを願っていた時代があったことさえ忘れてしまうくらい、多様化した社会が「普通」になる日が来るように。

アンナチュラル

ストーリー

法医解剖医の三澄ミコトは、日本で新設された「不自然死究明研究所（＝通称ＵＤＩラボ）」で、全国の警察や自治体の依頼で運ばれてくる異常死体や犯罪死体など年間約４００体もの遺体を解剖、その死因を究明している。「不自然な死」を放置することが許せない彼女は、その死の裏側にある「謎」と「真実」をＵＤＩラボのメンバーたちとともに解明していく。

生と死を見つめ、
時代を先読みした
クライムサスペンス

小田慶子

オリジナルで法医学ミステリーの傑作を書き上げた

　２０１８年に放送された『アンナチュラル』（ＴＢＳテレビ系）は、野木亜紀子にとって連続ドラマでは初めてのオリジナル単独執筆作。しかも、いきなりのクライムサスペンスだった。『重版出来！』（２０１６年、ＴＢＳテレビ系）や『逃げるは恥だが役に立つ』（２０１６年、ＴＢＳテレビ系）などの原作もので野木ファンになった人なら、むしろ同じような一般人の日常に根差した『獣になれない私たち』（２０１８年、日本テレビ系）の世界観の方がなじみやすかったと思うが、本作が先に世に出て、いきなりの法医学もの、リアルな死体解剖、ガチな殺害シーンというハードな内容を意外に思った人も多かったのではないだろうか。しかし、『アンナチュラル』は何の前触れもなく出現した新しいサスペンスドラマで、しかも非の打ちどころのないほどの傑作だった。ザテレビジョンドラマアカデミー賞の作品賞や脚本賞、東京ドラマアウォード脚本賞他、多くの賞を獲得した実績がそれを証明している。

　『アンナチュラル』について語るならば、まず、サスペンスとしての質の高さを評価すべきだ。それまでの日本の捜査ドラマは推理部分の作り込みが甘かったり映像が洗練されていなかったりし、アメリカやイギリスの作品に比べるとどうしても見劣りがした。また、『相棒』(２０００年〜)『科捜研の女』(１９９９年〜)などのテレビ朝日×東映の人気シリーズは、主人公の年齢からして中高年向け。30代以下の視聴者は入り込みづらかったが、本作は主人公が30代前半で、謎解きの展開もよく練られており、映像もスタイリッシュだ。こういった海外ドラマライクなサスペンスの先行作品としては金城一紀脚本による『ＳＰ　警視庁警備部警護課第四係』(２００７年〜２００８年、フジテレビ系)や『BORDER　警視庁捜査一課殺人犯捜査第４係』(２０１４年、テレビ朝日系)、誉田哲也の原作を竹内結子主演で映像化した『ストロベリーナイト』シリーズなどが挙げられるだろう。それらに続き、それらを超えるようなクオリティの高いサスペンスが誕生したことに、視聴者もテレビ業界も興奮したのだ。

法医学者といえばもはや代名詞的な存在である『科捜研の女』の榊マリコ(沢口靖子)が勤務するのは、京都府警の科学捜査研究所だ。また、『監察医　朝顔』

（２０１９年〜２０２１年、フジテレビ系）の朝顔（上野樹里）は神奈川県警と連携する大学の法医学教室の研究者だが、『アンナチュラル』では不自然死究明研究所（unnatural death Investigation laboratory＝以下ＵＤＩ）という架空の独立機関が舞台になった。これは、野木が「２０１２年に実施された内閣府主導の死因究明等推進会議で死因究明に特化した公的な研究所が作られていたら」という仮定の下に考えた組織で、警察から委託された司法解剖と遺族から依頼された個人的な解剖を行う。いわば半官半民といった立ち位置にある。そこで数カ月前まで大学の研究室にいた法医解剖医の三澄ミコト（石原さとみ）が、運び込まれた遺体の本当の死因を調べていく。

法医学ミステリーというと、２０００年頃からアメリカのドラマでは既にひとつのジャンルを形成しており、女性の解剖医や法医学者、検視官が出てくるものだけでも、『ＣＳＩ：科学捜査班』シリーズ（２０００年〜２０１５年）『BONES／ボーンズ』（２００５年〜２０１７年）『リゾーリ＆アイルズ　ヒロインたちの捜査線』（２０１０年〜２０１６年）『ボディ・オブ・プルーフ／死体の証言』(2011年~2013年)と多数。『アンナチュラル』はその翻案版ともいえる。第1話「名前のない毒」ではミコトがコンビを組む臨床検査技師の東海林夕子(市川実日子)に「骨だけでも、ボーンズ博士なら何でも分かるよ」と言われ「じゃあその天才博士をテレビの中から連れてきて」と苦笑しながら返すシーンがあった。そこで最初に、この作品は海外ドラマの影響を受けてはいるが、死因不明遺体の8割が解剖もされず、すぐ火葬されてしまう日本では少々事情が異なりますよ、という前提を示していた。

『科捜研の女』や『監察医　朝顔』だけを見ていると、犯罪に巻き込まれた場合も含め、日本でも不審死の遺体は十分に検分されているかのように思えるが、実際には他の先進国に比べて解剖率は低い。『アンナチュラル』はその現実をドラマに落とし込み、ミコトやUDIの神倉所長(松重豊)のせりふに問題意識を反映させている。日本の法医学者は全国で170人ほどしかいないという。UDIでも遺体にメスを入れて切り開く資格を持った解剖医はミコトと中堂系(井浦新)のふたりのみ。少数精鋭体制で年間400件の解剖を行っている。野木は「汚い、キツイ、危険」の〝3K〟を超えた〝7K〟だという、決して華やかでも恵まれたエリートでもない解剖医たちの労働環境を現実に即して描き出す。

UDIのような架空の組織は、制作者のひとりであるTBSの植田博樹プロデューサーが手掛けてきた『ケイゾク』（1999年）『SPEC～警視庁公安部公安第五課　未詳事件特別対策係事件簿～』（2010年）にも登場したので、企画が発表された時は、そのシリーズなのかとも思ったが、本作は特殊能力なしのリアルストーリー。なんといっても野木と新井順子プロデューサー、チーフ監督の塚原あゆ子という女性クリエイター3人が初めて顔をそろえたことが大きい（野木と塚原監督は以前に『重版出来！』で組んでいる）。それ以前に、新井プロデューサーと塚原監督は〝イヤミスの女王〟湊かなえの原作で『Nのために』（2014年、TBSテレビ系）『リバース』（2017年、TBSテレビ系）などを手掛けてきたので、サスペンスの作り方は既に習得済みだった。野木亜紀子初のオリジナルサスペンスが成功したのにはふたりの力も大きかっただろう。そして、この3人が2020年に再び組み、刑事ドラマの『MIU404』（2020年、TBSテレビ系）を生み出すことになる。

野木が創造した UDIラボメンバーの魅力

『アンナチュラル』『MIU404』に共通するのは、野木が生み出したオリジナルキャラクターがそれまで手掛けてきた原作ものに負けず劣らず魅力的なこと。主人公のミコトは医師資格を持つ元准教授で、論文を発表する研究者でもある。組織人としてもまともで、法医解剖医としての分を守り、軽々しい推測を言わないし、意味もなく警察の捜査に口を出したりもしない。つまり分別がありそれは私生活でも変わらない。結婚しようと思っていた恋人に振られた時もショックを受けつつ、「（仕事ばかりを優先してきた）私が悪い」と認めることができる。たとえ合コンに誘われても断り、恋愛には慎重。そんなキャラクターは33歳の女性として誇張がなく、共感できる。

ミコトは演じる石原さとみに当て書きしただけあって、石原のサバサバした性格や意見をはっきり言うところがよく反映されていた。石原は２０１４年の『失恋ショコラティエ』（フジテレビ系）あたりから本作の前に出演した『地味にスゴイ！

校閲ガール・河野悦子』（2016年、日本テレビ系）まで、ドラマでは女子力が強調されたイメージだったが、ミコトは女性であることを武器にしない役柄。主人公なのにプライベートで出てくるのは実家だけで、彼女がひとりで暮らす部屋が一度も出てこないのは象徴的だった。

そのミコトも相棒の東海林には心を許す。キャスト発表時、演じる市川実日子と石原は映画『シン・ゴジラ』（2016年）に続く共演と騒がれた。市川は同作に続き、今回も理系女子の役である。東海林は薬学部を出て監察医病院で働いた経験があり、ミコトとはその時から面識があるという。豪快な性格で、笑うときもキャハハと甲高い声を出す。人の好き嫌いが激しく、苦手な中堂とはほぼ口を利かないが、解剖助手のバイトとして入ってきた医大生・久部六郎（窪田正孝）のことはかわいがり、ミコトに気のある六郎をからかったり、恋愛の相談に乗ったりしていた。それだけに最終回で六郎が衝撃の告白をした時、「あんた、最低！」と涙ながらに責める場面は印象的で、松重豊もこの場面での市川の演技を絶賛している。私生活ではミコトとは違い、積極的に恋愛市場に打って出ていたが、第6話「友達じゃない」で詐欺を働く男たちにだまされ、自分には男を見る目がないと気付く。ミコトと東海林の信頼関係が描かれたそのエピソードは、いま流行のシスターフッドのドラマとしても出色だ。

もうひとりの解剖医、中堂はさらにぶっ飛んだキャラだ。正しい死因を究明するという使命感は持っているが、職業倫理観はめちゃくちゃ。腐敗が進んだ遺体などの気の乗らない解剖はしないし、葬儀屋に死体の情報を提供してもらうために金を渡す（おそらく個人情報保護法に違反している）。それは8年前に恋人を殺してごみ捨て場に遺棄した犯人を捕まえたい一心ゆえ。そのためなら法医学者のルールを破ることもいとわない。恋人が死んだ時は、関係者であることを隠して死体を解剖し、それゆえに犯人で証拠を隠蔽しようとしたのかと疑われてしまった。そんな彼をＵＤＩに引き取ってくれた神倉所長にだけは感謝の気持ちを持っていることが垣間見える。

その中堂が何かと「クソが」と毒づくので、コンビを組む臨床検査技師の坂本誠（飯尾和樹）はひどくおびえ、彼をパワハラで訴えようとする。しかし、後半では開き直って中堂に対しても強気に出るように。非正規雇用で働く坂本の悲哀とたくましさが面白おかしく表現されていた。

六郎は一見、内気で真面目な医大生のようだが、実は週刊誌のデスク・末次康介（池田鉄洋）からＵＤＩに送り込まれた身。ネタを提供する代わりに金をもらっているのだが、そういうスパイのようなことをしてしまう危なっかしい性格がしっかり描かれていた。六郎は「ニセ医学を斬る！」という中二病がかった告発ブログを書いており、それを末次に見込まれたということで、これはうまい設定。死者の関係者が怪しいと見ると、すぐ「アリバイは？」などと聞いてしまう軽率さもある。

しかし、そんな世間知らずの六郎が、実は登場人物の中で最も成長していく。ＵＤＩで働くうちに法医学の面白さと公益性に目覚めるのだ。ミコトは肉親の悲劇を抱えているが、現在の家族との仲は良好。それより六郎が大学病院教授である父親に出来の悪い「愚息」と言われており、思い切って臨床医ではなく法医学者になりたいと打ち明けたところ、もう自分の息子ではないと勘当を言い渡される展開に大きなドラマがあった。その後、「おかえり」と迎えてくれたＵＤＩを自分の居場所と決めたのに、そこにも居づらくなってしまうという不憫さ。放送時、Twitterで窪田のファンが「どこの世界線に行ったら、窪田正孝は幸せになれますか?」と本気で嘆いていたのが、忘れられない。

そして、UDIをまとめるのは神倉所長。厄介者の中堂を引き取り、解剖の効率より正確さを重んじるミコトたちの意志を尊重し、検察庁や警察、自分の古巣である厚生労働省など、権力を持つ人物とのネゴシエーションをひとりでやる。理想的な上司である。演じる松重は主演作『孤独のグルメ』(2012年〜、テレビ東京系)とは違って、地毛のままのグレイヘアにメガネといったルックス。普段は上からも下からも翻弄されるコミカルな演技をしつつ、UDIの存在意義を語る場面や六郎の情報漏えいを指摘する場面など、要所要所をしっかりと締めた。

以上、6人のUDIメンバーを始め、警察関係者、週刊誌関係者、ミコトの養母と義理の弟などを配し、各回のゲストキャラクターまでしっかり書き分けられており、それぞれに長所短所があって人間として魅力的だ。ときに難解でシビアな展開にもなる本作が人気となったのは、キャラクター造形がうまかったからともいえる。

1話ごとの展開と全話を通しての完璧な構成

海外ドラマや長寿シリーズ『相棒』を例に挙げるまでもなく、クライムサスペンスを展開するのに必要な要素は、毎回起こる小さな事件と初回から最終回へとつながる大きな事件、そして、ラスボス的な真犯人の存在である。これをどうやって作劇するかというと、野木は「左脳で各話の構成を進めながら、右脳で『ここなら縦軸（全体）のエピソードを入れられる』と直感して、伏線を撒きつつ全体を螺旋状につくっていく」（『月刊ドラマ』2020年11月号、映人社）感覚と説明している。

多くの場合、ラスボスは快楽殺人者で、主人公の大切な人を殺しているか、人としての良心に欠けた巨悪とでもいうべき存在だ。本作では中堂の恋人であった夕希子（橋本真実）が8年前に殺されており、彼女を殺し口内に「赤い金魚」のような跡を残した人物がラスボスとなった。変わり者で無愛想な中堂の抱えている過去が序盤から少しずつ見えてきて、中盤で反発しあっていたミコトが彼の「永遠の問い」を解決するために協力することに。そして、終盤でミコトと中堂が犯人と対決するという構成になっている。

Blu-ray/DVD BOXのオーディオコメンタリーなどによると、野木は最初からラスボスの存在とその後の展開については決めており、彼をどの時点で登場させるか探りながら執筆を進めていったという。

同時に1話ごとの展開も先が読めず、視聴者を飽きさせない。例えば第1話では、海外出張後に突然死した若い会社員の遺体がその両親によって運び込まれる。警察医が両親に示した死因は「虚血性心疾患(心不全)」。しかし、解剖の結果、腎臓の数値に異常があったことから、ミコトたちは「薬毒物死」(事故)ではないかと疑う。そして、彼の婚約者が毒物を扱う研究をしていたため、「毒殺」の線も浮かんでくる。もし彼女が新しい毒を作り出したならば、法医学でも検出できず、「名前のない毒」となって、証拠もなく人を殺せるというのだ。ここまでで推定死因が2回変わった後、彼は「MERS(マーズ)コロナウイルスに感染」して亡くなったということが分かる。まさに二転三転。彼は不幸にも出張先の中東で感染したということになるが、さらにどんでん返しが。「名前のない毒」とは何かという伏線も回収され、最後にはあっと驚くような結末が待っている。

このエピソードにしても、身元不明の女

性は練炭で窒息死したのかと思ったら凍死だった第2話「死にたがりの手紙」の展開にしても、医学知識のない多くの視聴者は死因を推理することはできない。それゆえ、本作は野木もそう語ったように、犯人は誰かと予想しながら見る推理劇ではなく、ミコトたちが専門知識を駆使して死の真相にたどり着くまでのスリルを楽しむものなのだ。

現実の社会問題とリンクし、時代を先読みする

そして、『アンナチュラル』で野木亜紀子が視聴者を驚かせたのは、現実とリンクし、その先取りまでしていた題材の数々。例えば、第6話では、東海林がパーティーに参加した翌朝、知人男性とベッドに寝ている状態で目覚めるが、彼はなぜか死んでおり、彼女はまったく記憶にないので驚く。現実でも女性の飲み物に薬物を入れるレイプドラッグのやり口が話題になっていた時だった。それを使った性犯罪の被害にあったという伊藤詩織さんの告発をフォローしていた人なら、東海林がホテルに連れ込まれる場面などにピンときたはず。そういったある意味アンタッチャブルな事件をドラマに反映する速さには驚

かされる。さらに、このエピソードには仮想通貨を使った詐欺事件も絡み、現在の東京に潜むリアルなリスクが取り上げられている。

第8話「遥かなる我が家」では雑居ビルでの火災事故が発生。その時ビルにいた人たちが逃げ込んだ上階の部屋がはめ殺し窓だったため、10人もの犠牲者が出てその遺体がＵＤＩに運び込まれる。これには20年前、40人以上の人が犠牲になった新宿歌舞伎町のビル火災の悲劇を思い起こさせた。黒焦げの焼死体は元の姿が想像できないぐらいで、火事の悲惨さを伝えるのに充分だった。石原をはじめとするキャストも、焼死体のリアルさにはギョッとしたらしい。

Blu-ray／DVD BOX付録の「NogiNote」によると、これらはやはり現実の事件にヒントを得て描いたようだ。また、未来を予知していたかのようだったのは、何といっても第1話。前述したように若い会社員がMERSコロナウイルスに感染して死亡し、日本中がパニックになるという展開だった。ミコトたちがウイルスを発見する際には「ＰＣＲ法でのウイルス検出」というワードが出て、終盤には簡易検出キットも出てきた。放送時はほとんど知られていなかったが今となっては誰もが知るこれらのアイテムや描写は、２０２０年に新型コロナウイルスによるパンデミックが起こると、「まるで予言のよう」と改めて注目された。劇中で実名を公表された感染者が「こいつの責任だ」などとネットでバッシングされる様子も、コロナ禍の混乱を予見したかのようである。

また、第2話では、ＳＮＳで「死にたい」と発信した女性が男に誘い出されて拉致監禁されるのだが、まさに予言だったのかのように、ドラマの撮影中、神奈川県で似た事件が発覚した。それは、犯人の男が自死を考えるほど絶望した精神状態の人たちの弱みに付け込んで自宅に連れ込み、暴力を奮って命を奪ったという悪魔の所業としか思えない事件だっただけに、劇中でも犯人がミコトと六郎をトラックの中に閉じ込め池に沈めて殺そうとする描写が恐ろしかった。

これらはあまりにも現実のニュースと符合し過ぎているのだが、もちろん、野木に予知能力があるわけではない。コロナウイルスもＳＮＳを悪用した殺人事件も、その道の専門家なら危険性に気付き、警鐘を鳴らしていたことだ。野木自身、「予言というよりも『いつか起こるかもしれない事象』をドラマで描いていたというだけ」(『月刊ドラマ』2020年11月号)と説明している。ただ、その専門家たちが発信したことをキャッチするアンテナと取材力、そして、題材を選び取る力が並みではない。後に「ドキュメンタリー出身で調べないと気が済まないたちなので、『アンナチュラル』のときはひたすら調べ物をした」(『月刊ドラマ』2018年12月号)と振り返ったように、相当な量の資料を読み込んだようだ。〝本(ホン)打ち〟という脚本の構想会議をするときは、旅行用のキャリーケースに本や雑誌、新聞などを詰め込みゴロゴロ引いて行ったという。

さらに、野木の目は、実際の事件だけでなく、その背景にあるものにも向けられる。例えば第1話、若いサラリーマンの死はMERSコロナウイルスによるものだったが、その父親は息子が無理をした理由を「子どもの頃から『風邪ぐらいで学校を休むな』と言い聞かせたからかもしれない」と語る。その父親の教育方針でもあった皆勤賞主義とでもいうべき、日本社会の古い体質の弊害をさりげなくせりふに込めている。

また、第7話「殺人遊戯」では、男子高校生が親友の死体を映しながらネット中継を始める。親友の死因はナイフで刺されたからだが、実はクラスメイトから執拗ないじめを受けて絶望し、彼らに殺人の罪を着せるために死んだのだと分かる。「NogiNote」にはこのエピソードを作ろうと思ったきっかけは「いじめから逃れるために自死を選ぶ子たちをどうしたら止められるのか」と考えたからだと記されている。その思いが、高校生から親友の死因を当てるよう求められたミコトが言う「法医学的には自殺。でも私は殺されたんだと思う。法律では裁けないいじめという名の殺人」というせりふで端的に表現されていた。

そして、クライマックスの第9話「敵の姿」と第10話「旅の終わり」では、中堂の恋人をはじめ、若い女性を次々に殺してきた男の身元が判明するが、中堂が駆けつける直前に男は出頭し、しかも、「僕は殺していない」と犯行を否認する。そこから、ミコトや中堂がどうやって法医学的に彼の犯行を証明するのかという展開になり、二転三転の末に決着は着くのだが、単に猟奇的な殺人事件だったというだけでは終わらない。男から殺人行為を告白されながら彼を止めなかったフリー記者の宍戸（北村有起哉）も殺人幇助の容疑で逮捕される。そういえば、第1話から登場していたのは犯人ではなく宍戸だった。実はラスボスは殺人犯ではなく、宍戸だったのだろうか。

犯罪をわざと見過ごし、大衆の怒りをたき付け、自分の書いた記事を売ってもうけた宍戸は、利益を優先するあまりモラルを失った現代人を象徴しているのかもしれない。野木はネットを中心に拡散する虚偽報道に関心を抱いているということで、本作後の『フェイクニュース　あるいはどこか遠くの戦争の話』（２０１８年、ＮＨＫ）『MIU404』でもこの問題を描いている。

そのように最初から最後のエピソードまで、第一段階として正確な死因が判明するまでの医学的な考察がテンポよく展開し、第二段階でその死をもたらした現代社会の深層が見えてきて深い余韻を残すという構造になっている。

東日本大震災の発生後、テレビ局が津波などのショッキングな映像を放送しないという方針になった頃から、ドラマもシビアな現実の描写を避けるようになった。当時、ドラマの作り手からせりふに「地震」という言葉を入れないようにしていると聞いて、驚いたものだ。ＳＮＳでの炎上も怖いので、作り手たちはとにかくリスクを避ける。そんな事なかれ主義の窮屈な時代が数年、続いた。その中でもニュースや世相、ネット文化などを描いてきた脚本家には『俺の家の話』（2021年、TBSテレビ系）の宮藤官九郎や『コンフィデンスマンJP』（2018年、フジテレビ系）の古沢良太がいるが、このふたりがコミカルなせりふの1ピースとして時事的なワードを入れたりシニカルな構造を描くために格差問題を使ったりして、やや斜めなスタンスを取るのに対し、野木の描き方は直球である。例えば、第7話のようにいじめ問題があり、それで死を選ぶ子どもがいるという現実を踏まえ、人の心と体を傷つけるいじめは許せないから主人公に「いじめは殺人」と言わせるというように。ストレートなせりふで正論をぶつける。それゆえ、エンタテインメント作品としてはやや説教くさいと感じる人もいるだろう。

ミコト役の石原は、第1話の「法医学は未来のためにある」（だから病院での医療に比べても軽んじられるべきではないという主張）というせりふを言うときに、「リアルな人間がこういう言葉を口にするだろうか」と悩んだという。そのぐらいまっすぐなせりふが出てくるのだが、視聴者が素直に受け止めてくれるにしても、またはスルーされるにしても、恐れずに発信をしたいという野木の覚悟を感じる。

このメッセージ性については、『MIU404』の放送時に筆者が担当したインタビューで野木は「今のテレビでは遠回しに匂わせても、伝わらないんですよね」と語っている（WEBザテレビジョン「最終回直前！野木亜紀子が『MIU404』で描きたかったもの、そしてラストは？」）。脚本家としてはもっと婉曲的な表現をしたいのかもしれないが、視聴者がスマホを見るなど〝ながら視聴〟をするのが当たり前の今、このストレートさは正解だと思う。

塚原監督は『アンナチュラル』公式サイトのインタビューで「プロデューサー陣も野木さんも私も、しゃべっていると話題がけっこう今の社会問題になるんですよ。それで、今自分たちにできることがあるんじゃないかってなって（中略）。フィクションですが、ネタは常に現実社会に近いところで考えていますね」と語っている。野木だけでなく、本作の制作チームはドラマで社会に何かを投げかけようという姿勢が一致していたので、これだけ果敢にも現実にリンクしたものが作れたのだ。そして、そのスタンスは『MIU404』にも引き継がれ、同作の最終回では連続ドラマとしてはどこよりも早く「新型コロナがある世界」を描くことになる。

女性差別にNOという
ヒロインたちのかっこよさ

女性の作り手たちによる女性を主人公にした女性のためのドラマ。そう限定したくはないのだが、本作が熱く支持されたのは、他のドラマではあまり見られないその要素も大きいだろう。Blu-ray/DVD BOXのオーディオコメンタリーでUDIラボの神倉所長を演じた松重も、野木、新井プロデューサー、塚原監督を「女傑3人」と呼び、彼女たちの作るドラマだからこそ女性視聴者の共感を呼ぶのだという見解を語っている。

以下、ミコトと東海林が要所要所で放った名ぜりふを抜き出してみたい。

第3話「予定外の証人」の主婦ブロガーが自宅で死んだ事件で、検死結果を法廷で証言することになったミコト。その後、凶器に関する証言を撤回し、容疑者側の証人として出廷することになり、烏田検事(吹越満)から「神聖なる司法の場が女性の気まぐれで振り回されるとはゆゆしき事態」などと挑発される。

ミコト　「女、女って、好きで女に生まれてきたわけではありません。あなた

　　は選べたんですか？　生まれると
　　き。誰だって選べない！」

　第６話、東海林がホテルで目覚める
と、知人男性と同じベッドで寝ていて彼
は死んでいたが、東海林にはまったく覚え
がない。ミコトを呼んだ後、毛利刑事（大
倉孝二）が現場に来て、男とは合意の上
で泊まったのではと疑われる。

毛利　「（東海林の服を見て）背中ばっ
くりあいちゃってますしね、これ」
東海林「どんな服を着ようが、私の自由
　　です」

毛利　「いやいやいや、そうは言っても」
ミコト「毛利さん。女性がどんな服を
　　着ていようが、お酒を飲んで酔っ
　　ぱらっていようが、好きにしていい
　　理由にはなりません」

　他にも彼氏の両親と会う予定だっ
たミコトがよそ行きの服を着ていると、
ＵＤＩの男性陣が口々に「いつもと全然
違う服装だから気になる」と言い、ミコ
トが「私の服はどうでもいいから！」と
叫ぶ場面もあった。また、中堂には女性
差別意識などなく、全方位に失礼なだ
けかもしれないが、彼に「お前」と呼び捨

てにされることにミコトが反発し、撤回させるくだりにも大いに共感できた。まさに職場あるある。実際に組織の中にいると、なかなかこうは言い返せないからこそ、痛快だ。

これらのせりふも前述したストレートなメッセージの中に入るわけだが、ただ女性差別にノーと言うだけではない。第3話では女性蔑視発言を繰り返す烏田検事だけでなく、はっきりした記憶がないのに妻を殺したという自白をしてしまった容疑者も、女性であるミコトの証言は頼りにならないので無実を主張できないと言い出す。だが、ミコトはそれ以上、主張することなく、妥協点を見つけ、法廷での証言では男である中堂に任せることに。野木は「NogiNote」で、このくだりは「男女間の対立に、男女間の協力で打ち勝つことが重要だ」と考えたことをつづっている。

描きたいのはジェンダーの対立ではなく協力なのだ。だが、そのフェアな協力体制も、男性が女性を同等の人間と認めてからでないと成立しない。第3話ではひたすら嫌なやつだった烏田検事が、最終話ではミコトと協力して男の犯行を立証するという関係の変化も印象的だった。

『MIU404』でも、野木は男社会の警察で出世している桔梗隊長（麻生久美子）にピリッとしたせりふを託している。例えば、桔梗が男性の同僚たちからあらぬ噂を流され「何を恐れているんだろうね。ただ、ここにいて働いているだけなのに」と言う場面があった。

これについては、前出の「WEBザテレビジョン」のインタビューで「脚本家としては、こうしたことにわざわざ言及する必要がなくなる（男女平等の）社会に、日本全体が早くなってほしい」と語ってくれたが、残念ながら今の日本はまだまだジェンダーフリー後進国なので、これからも女性の登場人物に分かりやすくNOと言わせてほしい。

生と死を分けるもの、ミコトが背負う不条理な死

肝心の主題について考察するのが最後になってしまった。『アンナチュラル』は「不自然な死は許さない」をキャッチコピーとし、生と死を見つめる法医学ミステリーである。毎回、法医解剖医のミコトたちが接する遺体を通して、その命が失われた理由と生きていた証、そして遺された家族の心情を描いていく。

ミコト自身も生と死の境に立ったこと

がある。9歳の時、母親が一家心中を謀り、練炭の煙を吸わされて死ぬ直前に救出されたのだ。その時父母と兄は死んでしまった。これは簡単なキャラクター紹介文では済ますことができないぐらいヘビーな設定である。同僚や友人がそんな悲劇を背負っていたならば、どう声をかけていいか分からないほどの。だから、ミコトは同僚の誰にも付き合っていた男性にもその過去を話さない。

その後、ミコトは父の妹、つまり叔母である夏代（薬師丸ひろ子）夫婦に引き取られて大切に育てられ、医学部を出て医師資格を取り、法医学者になったよう

だが、幼少期の壮絶な体験は当然、ミコトの人生に影を落としている。第2話では、練炭による心中事件が発生し、ミコトは刑事たちが「無理心中」と言うのを聞き、「その言い方、やめませんか」と反論した。

ミコト「正しくはマーダー・スーサイド。殺人と、それに伴う犯人の自殺。要するに、単なる身勝手な人殺しです」

これは母親に殺されかけたという過去があるからこそ出てくる言葉。ミコトが

内包する怒りを感じさせる。第2話の終盤では、水没したトラックの中で六郎と共に絶体絶命のピンチに陥りながら、ミコトは母親が子どもを道連れにしようとした事件の真相をあくまで自分のことではないというスタンスで語った。

ミコトは普段仕事で遺体を解剖、検分する時、『臨場』（2009年〜、テレビ朝日系）の検視官・倉石（内野聖陽）のように両手を合わせて拝むことはしないし、『監察医　朝顔』の朝顔のように遺体に向けて「教えてください」とささやくこともない。一見、感情移入することなくクールに解剖をこなしているように見える。むしろ彼女の重すぎる過去が芝居じみた儀礼を取らせないのかもしれない。公式サイトのキャラクター紹介には「この世に美しい死はなく、死んでしまえば終わりだと考えている」とある。遺体を見るときの諦念を含んだ冷徹なまなざしは、そんな考えを表しているのだろう。

しかし、紹介文に「人の『生の権利』が脅かされることに猛烈に反発する」ともあるように、その生い立ちゆえにミコトが背負う使命感は強い。〝プロフェッショナルな仕事の流儀〟として少しでも不審な点があれば他殺を疑うし、ときに法医学者としてのルールを逸脱してまで死因を突き止めようとする。
野木はいつもキャラクターの生い立ちや性格を書いた設定資料を作り、演じるキャストに渡しているというが、ミコトの抱える葛藤もそこにちゃんと記されているのかもしれない。それを読んだ石原のさらなる掘り下げもあるだろうが。
そして、最終話ではミコトの迷いが明確に描かれる。中堂の恋人を殺したであろう男の犯行を法医学的に証明できず、ミコトは裁判で検察の不利になる鑑定書の記述を削除するように求められる。男を罰したい中堂の気持ちも分かるし、ミコト自身にも犯人を許せないという気持ちはあるが、法医学者として事実を曲げることだけはできないと苦悩。ミコトは実家に戻って、自分を育ててくれた夏代に本音を零す。

ミコト「私、ずっと悲しむ代わりに怒っていた気がする。負けたくなかった。不条理な死に負けるってことは、私を道連れに死のうとした母に負けることだから」

これまで「絶望なんかしている暇がない」とタフに言って笑っていたミコトが、ここで初めて弱音を吐く。そんな娘を「なにひとりで世界を背負っちゃっているのよ」と慰めた夏代は、生みの親ではなくても100点満点の母である。

ところが、中堂はもはや正攻法では男を有罪にできないと判断。犯人を突き止めていたのに殺人行為を続けさせた記者の宍戸を襲う。中堂は宍戸にフグの毒を注射したと言い、解毒剤が欲しければ、隠し持っている犯行の証拠を出せと迫る。その場に駆けつけたミコトは懸命に中堂の暴走を止める。

ミコト「見たくないんです。不条理な事件に巻き込まれた人間が、自分の人生を手放して、同じように不条理なことをしてしまったら、負けなんじゃないんですか。私を絶望させないでください」

不条理に不条理で対抗したら負け。この命題は、第5話「死の報復」でも登場した。自殺した若い女性の夫だという青年がUDIに解剖を依頼し、ミコトが執刀するが、実はふたりは事実婚状態で入籍はしていなかった。青年は解剖中止となった後も、彼女が自殺するはずはないので死因を調べ直してほしいとミコトに懇願する。そんな青年にいつもは冷徹な中堂が肩入れし、彼女は殺されたことが判明。青年は葬儀の場で犯人を刺し、その場に駆けつけたミコトが制止するものの、再び刃物を振り上げるというショッキングな展開だった。この「最愛の人を殺されたとき、犯人を許すことができるのか？」という究極の命題は『MIU404』でも再び登場するので、野木の追求しているテーマの一つなのだろう。「NogiNote」には「報復殺人（中略）、だがその行為は報復者自身の人生の放棄に他ならない」と書いている。

こういった悲劇的なエピソードは忘れられないインパクトを残すが、このドラマの根底にある死生観が表れたのは、少し地味なイメージだった第8話「遥かなる我が家」ではないだろうか。回想シーンで、神倉所長が高齢男性の自宅に突然死した彼の妻の遺骨を持って行ったものの、受け取りを拒否されてしまい、こう言って説得しようとするところがあった。

神倉　「死ぬのに、いい人も悪い人もない。たまたま命を落とすんです。そして、私たちはたまたま生きている。たまたま生きている私たちは、死を忌まわしいものにしてはいけないんです」

神倉は厚生労働省官僚時代、東日本大震災の被災地に派遣されて身元不明遺体の調査を行ない、家族のもとへ帰れなかった死者をたくさん見た。そして、死因究明研究所の全国設置や歯科データベースの構築計画が「露と消えた」（神倉）あと、厚労省を辞め、自分で資金をかき集めてＵＤＩラボを設立したという。

この素晴らしく誠実で哲学的なせりふには、おそらく野木自身が震災を通して感じたことが込められているのではないだろうか。そして、それは私たち視聴者の多くが抱いた思いでもある。震災はもちろん、新型コロナウイルスに感染して1万人以上が亡くなった（２０２１年5月現在）今も、私たちはたまたま死んでいないだけ。偶然によって生かされているのだから、亡くなった人を見ないことにしてはいけないのだ。

『アンナチュラル』は野木が度々語っているようにあくまでエンタテインメント作品であり、その立ち位置からいろんな死と生を扱っているが、震災の記憶を隠しテーマとして内包している。つまり、野木亜紀子の作品としては唐突にも思えた法医学ミステリーが震災の7年後というタイミングで放送されたのは、必然だったのだろう。『MIU404』の最終話でも、東京オリンピック開催に反対する被災地の人々が登場し、ラスボスの久住（菅田将暉）は被災者であるかのようなせりふがあった。野木は「震災を忘れない」というメッセージを発し続けている。それこそが常に〝見えない被害者〟〝忘れられた人〟を見つめ続ける作家の姿勢の表れである。

震災は2011年。本作の発想の源となった死因究明等推進会議は2012年に開かれた。2014年に厚生労働省が発表した「死因究明等推進計画」には、東日本大震災時に「（遺体の）身元の確認作業が困難を極めたことから」、推進計画の重要性がより高まったと記されている。本作の放送が2018年。私たちドラマの受け手も、このときようやく「死」について冷静に考えられる心理状態になっていたのだと思う。そして、翌2019年には『アンナチュラル』に続くように、震災時の被災地の再現映像も入れ込んだ法医学もの『監察医　朝顔』が始まる。

『MIU404』の時のインタビューで野木はこう語っている。

「脚本家から見ると、完成度では『アンナチュラル』の方が高く、図形で言えば正円のイメージ。今回（『MIU404』）はその円からけっこうはみ出しているんですよ」（WEBザテレビジョン「『MIU404』野木亜紀子氏、今後も「描きたいものに合う枠で書きたい」〈ドラマアカデミー賞・インタビュー後編〉」）

『MIU404』はそのはみ出しが面白かったという意味なのだが、比較対象として出された『アンナチュラル』は正円という言葉が印象に残った。確かに題材や構成はもちろん、登場人物それぞれの物語も見事に決着し、UDIの職場に元のメンバーが再集結し日常が戻ったという完璧なラストシーンで終わった本作。もし、続編が作られるとしたら、描いた円の隣にもう一つ円が描かれることになるのだろうか。

2019年から2020年を舞台にした『MIU404』にもクロスオーバーでUDIラボが少しだけ登場した。ミコトは出てこなかったが、死亡鑑定書に名前はあり、きっと今も解剖の現場で死因究明をしている。折しもコロナ禍で法医学にとっては新しい課題やテーマがどんどん生まれているだろう。現在は生々し過ぎて無理だろうが、そのシビアな現実をいつか野木の視点から描いてみてほしい。

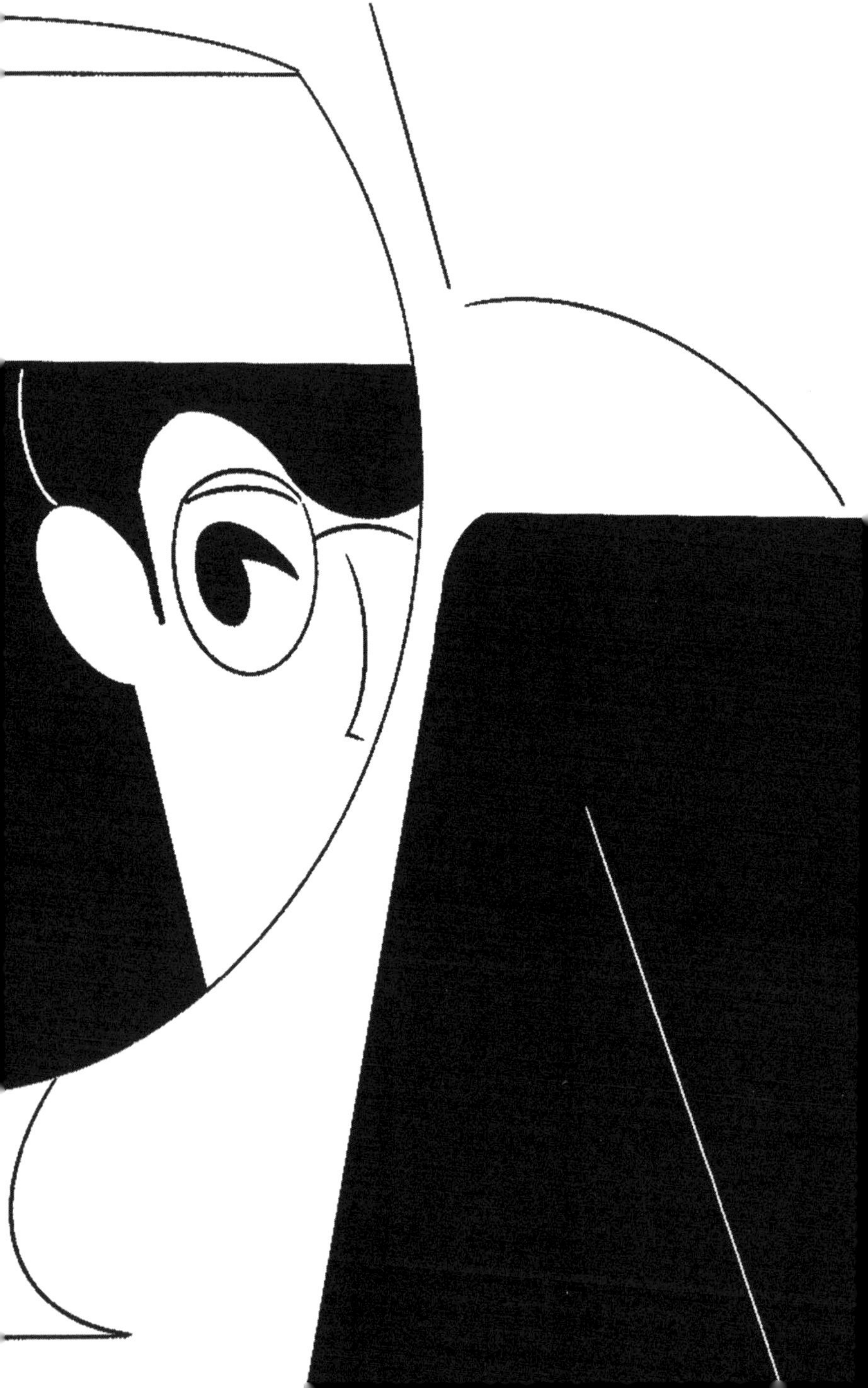

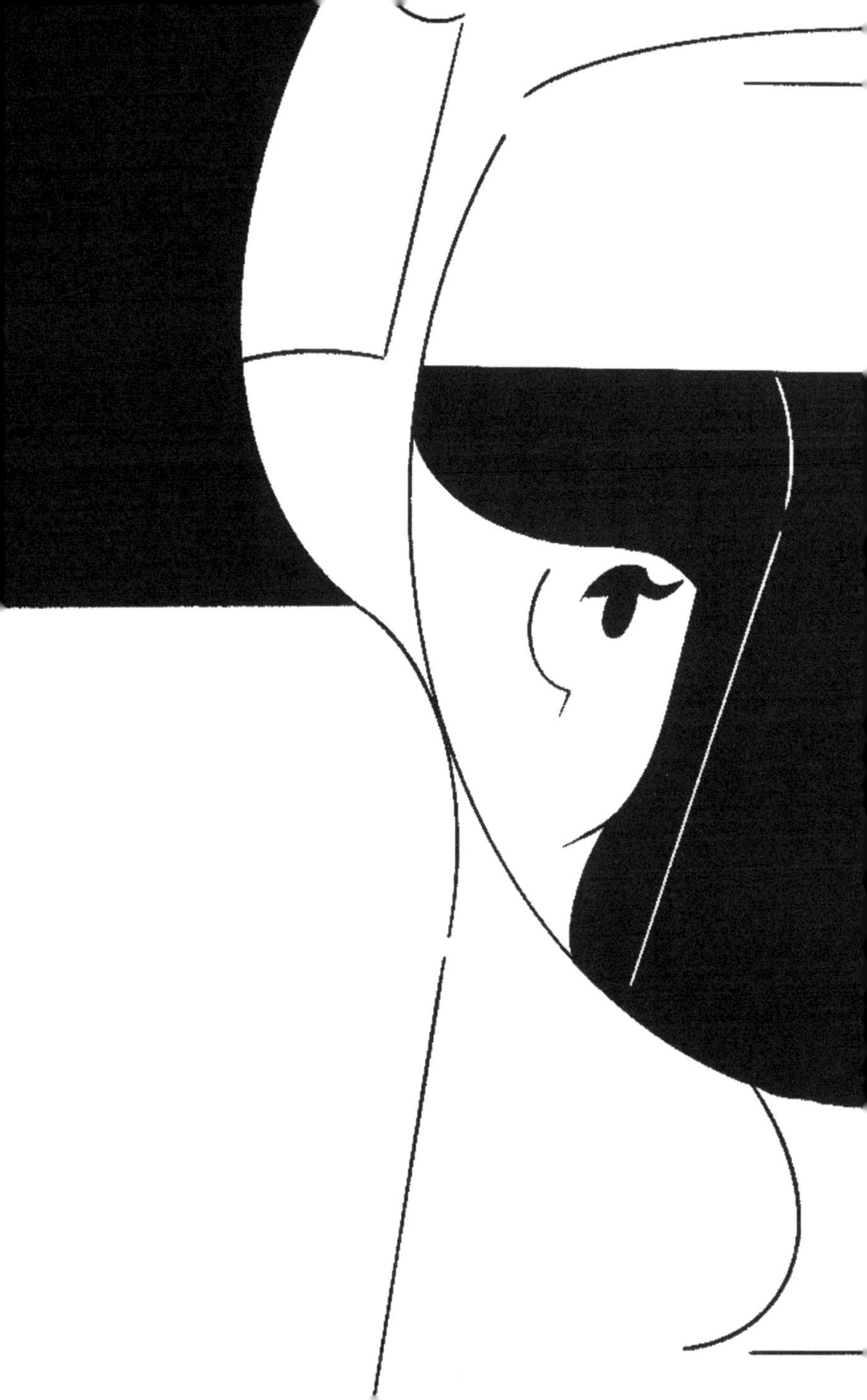

獣になれない私たち

ストーリー

常に笑顔で完璧に仕事をこなすことを求められ、心をすり減らしながら働いているECサイト制作会社の営業アシスタント・深海晶。一見、人当たりがよいが毒舌家の敏腕会計士・根元恒星。同じクラフトビール・バーに通うふたりだったが、ある日、ふとしたことをきっかけに、お互いに本音をぶつけあう関係になり、傷つけあいながら自分らしさを求め踏み出していこうとする。

獣にならずとも
生きていくとは
どういうことだろう

西森路代

晶を見ているとつらくなる理由

改めて『獣になれない私たち』（2018年、日本テレビ系）を見てみると、第1話から、主人公の深海晶（新垣結衣）の苦しさが迫ってくる。

第1話の冒頭、晶は、行きつけのクラフトビールバー5tapで恋人の花井京谷（田中圭）と酒を飲んでいて、京谷から彼の母親に会ってほしいと言われている。京谷は、至って人当たりが良く、晶との結婚も真剣に考えている。しかし、晶の家に着き、晶が今の部屋からの引っ越しをちらつかせると、途端に無言になってしまう。その無言の空気の重さを気遣った晶は「あ、新しい入浴剤、お風呂はいろー」とわざと明るく振る舞うのだった。相手の雰囲気を細かく察知して、無意識で自分が空気を変える気遣いができてしまうような性質であることも、晶を見ていて苦しいゆえんである。

晶は会社に行くのはいつも一番乗りだ。自分のパソコンを立ち上げたら、社内の全員が使うと思われる共有のコーヒーメーカーに豆とフィルターをセットし、机に置いてある別の社員が担当した資料を訂正しプリントアウト、社長の九十九剣児(山内圭哉)が出社するや否や、彼のもとに入れたてのコーヒーとともに資料を手渡しする。そこでやっと、他の社員たちが出社してくるのだった。

社長はパワハラのコミュニケーションしかできず、晶だけでなく全社員がビクビクしている。だからこそ、晶はそれを回避しようと、先回りして完璧にふるまおうとしてしまう。その結果、営業アシスタントという本来役割とは無関係に晶のもとには、社内のありとあらゆる雑務が舞い込んでくる。営業部員たちの教育すらも彼女の担当のようになってしまっていた。それはもはや、アシスタントというよりは、社内のマネジメントのような役割に見えてしまった。

　晶のような経験をした者はいるのではないだろうか。時代や会社の仕組みによっても違うかもしれないが、そこそこ仕事ができて、そこそこ空気が読めてしまうと、こうした状況に陥りやすいのは、ＯＬ経験のある自分にも分かるつもりだ。

　会社というのは、キャラで回っているところがある。あんまり仕事はしないけれど、のらりくらりとかわし、かといって誰からも責められず、仕方がないよね……と諦められているような人もいたし、出世に興味はないものの、その人がいないと、細かい仕事が回らないというような有能な人もいた。晶のように、別に率先して気を遣いたいとは思ってもいないのに、見つけた仕事は、自分がやってしまうのが一番早いし面倒が少ないと考え、何もかもを背負ってしまう人もいた。こうした役割を引き受ける人の中には、立場的には補助的な仕事を任されるはずの女性の契約社員や派遣社員が多かったように思う。

別のドラマにはなるが、TBSで2019年に放送された奥寺佐渡子と清水友佳子の脚本による『わたし、定時で帰ります。』に登場する派遣社員は、正社員のように仕事でバリバリと活躍ができる立場でもないから、せめて、コミュニケーションだけは他の社員よりも長けているべきと考え、それが裏目に出て、取引先の男性の要望にも応え過ぎてしまい、セクハラ、パワハラを受けることにつながってしまうという出来事が描かれていた。

能力や業績で明らかな査定がされにくい職分にいると、せめて職場の潤滑油であろうとしてしまうということは多いに考えられる。コミュニケーションを円滑にするだけではなく、こまごました仕事の全てを完璧にやろうとしてしまったりもすることもあるだろう。

社内で弱い立場だからこそ、無意識でループにはまってしまった晶の唯一ほっとできる息抜きは、バー5tapに行って、ビールを飲むことなのだが、ある日、その常連の根元恒星（松田龍平）に、いつもキラキラした笑顔でいることがキモいと言われてしまう。

しかし、晶はそんな恒星から発せられる嫌な空気を察すると、唯一の楽しみであるビールもそこそこに、恒星が電話で席を離れているうちに、お会計をさっと済ませ、トイレに行き、恒星とほとんど顔を合わせることなく店を後にする。

この一連の動きは見事であった。恒星の失礼な言動が理由で店を後にするのではないとマスターに思わせつつも、恒星に無駄な会話をする間も与えずに、ごくごく自然に店を出ることに成功しているのだ。

反対に、この後出てくる、京谷の元彼女の長門朱里（黒木華）は晶とは対照的である。彼女も第6話でバー5tapに初めて行くのだが、運の悪いことに、会いたくない京谷の今の彼女の晶が店に入ってきてしまう。朱里はそそくさとトイレに入るが、その後出られなくなって立てこもり、何も知らない晶が心配して駆け付けると、その晶を振り切って、ビールの代金も払わずに逃げ去ってしまうのである。

このふたりの対照的な様は、普段の仕事っぷり、暮らしっぷりにも表れてくる。

晶の行動のスムーズさは、彼女がいつも、人に反感を買わないこと、リスクを避けることを第一に行動していることをうかがわせる。そして、そんな彼女の行動の原理が理解できる人であればあるほど、彼女を見ていることがつらくなるのではないだろうか。

反対に晶のことを、気が利いて仕事ができる頼もしい人と第三者目線で好ましく思える人であれば、心のザワツキは感じないだろう。

晶の苦しさがマックスに達するのは第5話のことだ。社長から新たに

ISMS（情報セキュリティマネジメントシステム）の取得を目指すと言われ、晶がそれについて担当することになったことがきっかけだった。

キャパオーバーだったのだろう。その時から彼女は、恒星の言う、「気持ちの悪い」状態になっていく。作り笑いが張り付いており、機嫌が良く、そしてずっと鼻歌で「幸せなら手をたたこう」を歌っている。晶の異変に同僚の松任谷夢子（伊藤沙莉）は気付いて心配し、同僚に「怖くないですか？」と訴えるのだった。

一方で、晶の空気を察する能力を好ましいと思う人もたくさんいる。5tapのオーナー・タクラマカン斎藤（松尾貴史）は「晶ちゃん結婚して来なくなったら寂しくなるね。あの子、いいんだよね。いっつも輝くような笑顔して、入ってくると店がぱっと明るくなるの」と言っているし、会社の同僚の上野発（犬飼貴丈）も、「付き合いたいとかではなく、そういう存在が欲しい」「今日から深海さんは僕の女神だ」として晶に好意を寄せているし「深海さんには笑顔でいてほしい」とも思われている。九十九社長ですらも、自信の憧れを原節子とし、その影を晶に重ねているところがあると彼の周囲の社員たちは思っている。

晶は、象徴的な「あらまほしき女性像」を重ねられている人物であり、だからこそ見ていて無意識でもつらくなるのだ。

晶と恒星はなぜ惹かれあうのか

恒星は、「あらまほしき女性像」を受け入れ、無意識でそれを演じてしまっている晶のことを「気持ち悪い」と評する人物である。この「気持ち悪い」という言葉は、5tapのオーナーの斎藤が晶を評した「輝くような笑顔」という言葉を受けて出たもので、恒星はそれに対して「おきれいだけど嘘っぽくない？　あの完璧な笑顔がきもい。俺ああいう人形みたいな女駄目だわ」と言い放つのだった。

ドラマ放送時に、この恒星の「気持ち悪い」という発言に若干のミソジニーを感じている人もいたように思う。発言自体で見ると確かにそう思えるが、彼のせりふと晶の状況を見ると、実際に無自覚のミソジニーを持っているのは、「輝くような笑顔」しか見えていないオーナーであり、彼の方が無自覚に晶を苦しめていると考えられるだろう。

晶が「あらまほしき女性」であろうとしていることは、彼女にそうした「あらまほしさ」を重ねる社会に問題があるのであって、彼女自身が悪いのではない。恒星は、その「あらまほしさ」自体がまず気持ちが悪く、それに従順であろうとしているときの晶が気持ちが悪いと感じたのではないか。

実際、晶が「あらまほしさ」を手放したときには、恒星は気持ち悪いとは言わないし、彼女がギリギリになって、また「あらまほしさ」に戻ったときには、「今日は気持ち悪い」と率直に告げる。京谷の元カノの朱里が晶のことを「気が利いて、愛される、キラキラ女子」と評すると、恒星は「実際の深海晶は、いつも無理して死にそうな、周りに都合良く使われるギリギリ女」であると切り返すことだってあるのだった。

私は、晶のように、つらいけれど文句も言わず、笑顔で耐えている人を「美しい」と崇め奉るような文化こそが、日本の気持ち悪いところであるし、さまざまなことを停滞させている根源だとすら思う。だから、一見キツい恒星の言葉には共感があるし、晶のような人（かつての自分にも言えるかもしれないが）にも、この見えにくいミソジニーに早く気付いてほしいとも思う。

恒星が作り笑いや、いい人であろうとしてしまう人に敏感なのは、兄の存在が関わっている。彼の兄もまた、自分の気持ちを押し隠し、誰かを傷つけないように生きている人であったからだ。

晶は何か悩みがあったとき、「気持ち悪い」とまで言われているというのに、彼氏の京谷ではなく恒星に本音をぶちまける。晶のことを「あらまほしき女性」であると思っている人には、彼女の悩みも声も届かないからだろう。晶自身も、恒星に率直に話せるのは「飲み屋で会うだけの間柄だし」「いままで散々、キモいとか気持ち悪いとかキモいとか言われてきたし」と言っている。

晶だって、ひとりの人間であり、何もかも受け止められる女神のような女性ではないと知っている人にしか、晶の気持ちは通じない。これは、晶だけのことではないだろう。

そして、恒星の思う「気持ち悪さ」がゼロな人間こそが、恒星と付き合っていた橘呉羽(菊地凛子)だったのである。しかし、呉羽を「気持ち悪い」と思わないことにも、恒星のバイアスがかかっている。呉羽の場合は、恒星が思っているほど強い女性でもないわけで、強さを崇め奉ることも、その人のことを、都合良く扱っていることにつながるからである。

晶にとって、京谷の有害さとは

晶の交際相手である京谷は、大手企業に勤めるデベロッパーで、仕事にも真面目である。晶とは、京谷の働く大手企業で晶が派遣社員をしていた時に知り合った。京谷は、晶が忘年会などの場で社員のお酒を作ったりしているのにいち早く気付いて、「そこは俺がやるから」と言ってあげられる人であるし、同じ部になってからは、京谷が業績を上げた時にも、晶のような派遣社員の頑張りを無視しない。ふたりはお互いに恋人の存在があり、「気の合う同僚兼友達」であったが、「一緒に働いた時間が長かったこと」で、仕事やさまざまな話をしあえる同士になった。そこから恋に落ちるのもごくごく自然なことであった。

一方で、京谷には優柔不断で流されやすいところがある。以前、付き合っていた朱里が職を無くした時は、「焦らずに自分に合った仕事を探せばいい」と、一緒に住むようになっていた。しかし、人付き合いも苦手で、仕事に向いていない彼女は、次第に苦しみ、薬を大量に飲んで病院に行くことになったこともあり、そのまま3年、4年と時が過ぎても京谷の家を出られなくなってしまい、京谷は一時は、自分のマンションを彼女に譲ろうと決心する。

京谷は、見る人から見れば、理想の彼氏であり、理想の夫になりうる人物である。晶にとっても初めて「愛される」ということを教えてもらったと晶自身が語るほどの人物であった。朱里のことはあるが（それが大問題でもあるのだが）、結婚にも前向きで、ときに「子供ってさ、何であんなに目がきれいなんだろうな」「子供かわいいだろうな、晶の子」と言ったりもするし、父親のことを「母さん守って、家守って、家族愛して、幸せにする男」であり、自分はそうなれていないと語る。

しかし、将来像や家族像を無邪気に語る京谷には、一抹の不安を感じる。それは理想の結婚、家庭を通して、晶をますます「あらまほしき女性像」に押し込めてしまう可能性があるからではないだろうか。

だからこそ、晶は、京谷と口論になった際、「今の晶かわいくない」と言われたことを後々まで引きずってしまう。京谷にとって晶は、どんなときにも疑問を持たず文句も言わずかわいくいてくれる存在であってほしいということが決定的になった瞬間に見えた。

シンクロする晶と朱里、そして千春

晶と朱里は、これまでのドラマであれば、京谷を挟んで恋敵になってても仕方のない間柄である。しかも晶と朱里は正反対の性質であるし、歩んできた人生も違う。朱里は人付き合いが苦手で、仕事も続かないし、晶のようにそつなくいろいろなことができるわけではない。だからこそ朱里は晶に出会った当初はむかついてばかりいる。

しかし、朱里は京谷と一緒に住んでいるからといって京谷のことが今でも好きなわけではないし、いつしか奇妙な連帯を見せるようになる。

きっかけは、朱里が晶に5tapで立て替えてもらったお金を返しに晶の家にやって来た時のことだった。終電もなくなり部屋で共に過ごす中で、晶は自分と朱里は似ているところがあると言う。そしてもし京谷と出会う順番が逆だったら、もし自分が仕事を失ったり身を寄せるところがなくなったら、帰れる実家のない晶が、別れた後、京谷の家で引きこもって暮らす側になっていたのかもしれないと語るのだった。そして、京谷は、朱里が苦しんでいるからこそ、晶に明るくて物わかりのいい女性であってほしいと願っていた。京谷は、本来は朱里にも明るくて物分かりの良い女性であって欲しかったのだ。そんな時に言う晶の「私たち、誰の人生を生きてきたんだろうね」というせりふが今でも忘れられない。

誰かが自分の人生を歩めていないような気持ちになることは珍しいことではない。気付くか気付かないかの違いはあるかもしれないが、もしも、このドラマの中の晶や朱里に共感してしまったり、もしくは晶や朱里を見ているのがつらいと思ったのなら、「自分の人生を歩めていない」という実感を持っていたのかもしれない。

その後、朱里はまた晶の部屋にやって来る。京谷の母の千春（田中美佐子）は、朱里がいまだに京谷の部屋で暮らしていることを知らず、いきなり京谷の部屋に朱里がいたことに驚く。朱里は部屋を飛び出して晶の部屋にやってきたのだった。千春も晶に連絡して晶の家に向かい、3人は鉢合わせしてしまう。

事情を聞いた千春は、京谷のふがいなさを嘆くが、京谷がいたからこその縁でもあった。そのこともあり3人は不思議なシンパシーを感じ5tapで語らい合う。

晶と朱里はふたりで家に帰り、話している時に、晶は自分を見失うような恋愛はもういらないと語ると、朱里は「ずーっとひとりで生きていくの？」と質問を投げかける。晶はその質問に対して、「ひとりなのかな？ 例えば今はふたり。私と朱里さん。さっきは3人でビールを飲んだ。お母さんじゃないけど、お母さんみたいな人とまた飲もうって約束した。会社の同僚と仕事のことで一緒になって喜んで、女同士で千回のハグ。この前は飲み友達の部屋で夜通しゲームをして、朝の珈琲を飲んだ。そういう一つ一つを大事にしていったら、生きていけるんじゃないかな。ひとりじゃない……んじゃないかな」と言うと、朱里も「ありかも」

「それでも、愛されたいな私は」とつぶやき眠りにつく。

「ゲームをして珈琲を飲んだ」相手は、恒星のことであった。こうした、強い期待はしないが、緩やかに共に過ごすことを「ひとりではない」と提案するところが、個人的にはこのドラマの好きなところだ。理想論かもしれないが、不可能でもないような気がするし、この提案は、性別や年齢なども限定していない。恋愛や家族に寄りかかるのでもなければ、シスターフッドでもホモソーシャルでもない関係性の可能性があるように思えた。

この中に京谷はいないが、恒星はいる。それはなぜなのか。恒星は京谷と5tapで話す時に、男女の友情は信じていないとしながらも、「性別関係なく、人間同士でいられる相手がいるとしたら貴重じゃないですか。壊すには惜しい」と語り、京谷から「今の晶の話ですよね。なんかすっごい大事そうに聞こえるんですけど」と指摘されてしまうが、この境地が共有できるからこそ、晶の「ひとりではない」という連帯の中に入っているのだろう。

終わらせることの重要さ

このドラマを放送時に見ていた時は気付けなかったが、何度も見ていくと、一つのテーマとして、「終わらせることの重要さ」があるように思えてきた。登場人物の中の幾人かには、それぞれに「終わらせるべきこと」を持っているのだ。

分かりやすいのは、京谷と朱里の関係性だろう。恋愛感情はふたりともとうに感じていないというのに、朱里は仕事を見つけられず家を出ていけないし、京谷も朱里に強く言うことができない。しかし、朱里は晶と出会い、すぐに辞めてしまうが、晶の職場で働くきっかけを作った。そして、京谷の家で暮らすことを「終わらせる」ことができた。

実は、恒星とお互いに「都合の良い」関係を続けていた呉羽は、葛藤などなく、野生の勘でゲームクリエイターの橘カイジ（飯尾和樹）と出会ってゼロ日で結婚するが、実際には、彼女もまた、恒星との「都合の良い関係」を終わらせたかったのかもしれない。呉羽自身がその頃に子宮全摘出の手術をしており、新しい自分になりたいと思っていた時に、カイジの言葉がそれを後押ししてくれたのだと後に語っている。恒星ではそれは難しかったのだ。

その橘カイジは、自分の作ったゲームを終わらせる。彼のゲームのファンである朱里は、通常のオンラインゲームは運営が儲かるという理由もあり、プレイヤーがいる限りその世界は終わらせないでずっと続くものだが、橘カイジのゲームは、突然終わらせることを発表したと語る。そして、新しい世界をスタートさせるのだ。この場面を見ても、このドラマに「終わらせる」そして「始める」というテーマがあることが見えるのだった。

主人公の晶にももちろん終わらせるべきことがある。一つは京谷との関係性。そしてもう一つは、晶が働く会社との決別であった。

恒星にも、終わらせるべきことは多い。呉羽との関係性は彼女の結婚によりあっさりと終わったが、恒星の中の気持ちの整理は必要だった。また、恒星の兄の会社が東北の震災により倒産しており、恒星がその借金を肩代わりしたことで、兄弟の関係性がぎくしゃくしている。その関係性の微妙さにピリオドを打たねばならなかった。恒星はその借金を返すために、自身の税理士の仕事の上で、粉飾決済の書類に判を押してしまった過去があり、そのせいで、ずっと爆弾を抱えた状態になっている。その後も安い金額で粉飾決済を請け負い続けており、恒星はやめたいと考えているが、それを終わらせるためには、自分の罪を認めないといけない。問題が山積みだっただけに、これらの爆弾を全て処理した後の恒星には清々しさを感じた。

晶もまた、会社に辞表を出すことを爆弾に例えており、ふたりは、終わらせるための爆弾を抱えているという意味でも、シンパシーを抱いているのである。退職をした後の晶も、自分の人生を取り戻したような晴れ晴れとした顔をしていた。

ここでも仲間外れなのは、京谷なのである。京谷と晶の関係性は、晶がきっちりと別れ話をしたことで終わったはずであるが、その後も京谷は晶との復縁を望んでいる。彼の母親の千春は、晶との関係を「残念だったけど」「もう終わったでしょ」と語るが、京谷は「勝手に終わらせるなよ」とむきになる。晶に復縁を申し込んだ時には、「みんなどんどん進んでさ、俺だけ置いてかれたままで。いや、ひとりだけまだこんなこと言ってるのみっともないけど」と言っていたが、京谷はひとり遅れをとってはいたが、やっとさまざまなことを終わらせられたのではないか。

最終回、晶と恒星が再会し、粉飾決済してきたことにケリをつけ、「命はあっても人生終わり」と言う恒星に、晶が「終わってないよ、変わっただけ」「鮮やかには変われなくても、ちょっとずつ変わって苦しくなくなるんだよ。このビールみたいに」というせりふもある。皆、終わらせたからこそ新しいところを目指せるのだろう。

獣になれないとはどういうことなのか

最後になるが、本作の「獣」になれないというのはどういうことなのだろうか。「獣」とは、平たく言えば、呉羽のように直感を信じて行動する人や、そんな呉羽に新しい世界をもたらす橘カイジのような人のことを表しているのかもしれない。ふたりが組織に属するというよりも、組織を率いて働いていることからも分かるように、自分が何をやりたいかの輪郭がつかめていて、自由があるからこその部分もあり、晶や京谷のような、集団の中で生きる人間にはそうはいってもなかなか難しいことなのかもしれない。また、個人で税理士事務所をしているが、時折集団で働くこともある恒星や、以前は働いていたが、無職になった朱里などは、その間で引き裂かれそうになっていると言ってもいいだろう。しかしどういう立ち位置にいようと、獣のようにはなれないにしても、その中で、自分が何をしたいかということを手放さなくてもいいはずだ。

もう一つ。「獣」というには欲望、そして恋愛も意味しているようにも思える。やはりここでも、呉羽のことが浮かぶ。しかし、呉羽はカイジと出会って鐘が鳴ったとは言っているが、実はその鐘が鳴ったのは出会った瞬間ではなく、その後に子宮全摘出手術をした呉羽に新たな世界へ導く言葉をくれた時のことだった。実は、呉羽とカイジも、恋愛のときめきや情熱が「鐘」につながったのではなかったのだ。呉羽が手術してから三カ月経ち、半ば自分の体の状態を知るために最初にセックスしたのが、「鐘の鳴った」カイジではなく自分から誘った後腐れもなんの感情もない京谷であったことを考えても見えてくる。

晶と恒星は二度、教会に鐘を聞きにいくも、決して鳴りはしないし、ふたりの間には、セックスはあっても、「愛」という概念はさほど重要ではなさそうだった。「愛」という言葉を使いたがるのは京谷の方だった。恒星は晶を取り囲む人たちの中の「ひとりではない」状態にしてくれる人物（の中のひとり）であり、また恒星にとって晶も「人間同士でいられ」て

「壊すには惜しい」相手であった。今考えると、ふたりの前で鐘が鳴らなかったことにほっとする。

昨今、表向きは恋愛ドラマのようでいて、「恋愛」が主人公たちの関係性に一番の邪魔をしてくる作品は多い。例えば野木亜紀子の『逃げるは恥だが役に立つ』(2016年、TBSテレビ系)も、恋愛が成就した瞬間に、齟齬が生まれる。恋愛が、さまざまな困難を無償で乗り越えさせてくれるものであると思い込まされてきた歴史を覆しているように思った。「獣」が恋愛のある一面、情熱や、その情熱で困難を乗り越えさせる魔法のような部分だけを指す言葉であれば、「獣になれない私たち」は、それを選択せずとも生きていけると言っているようにも捉えられるのだ。

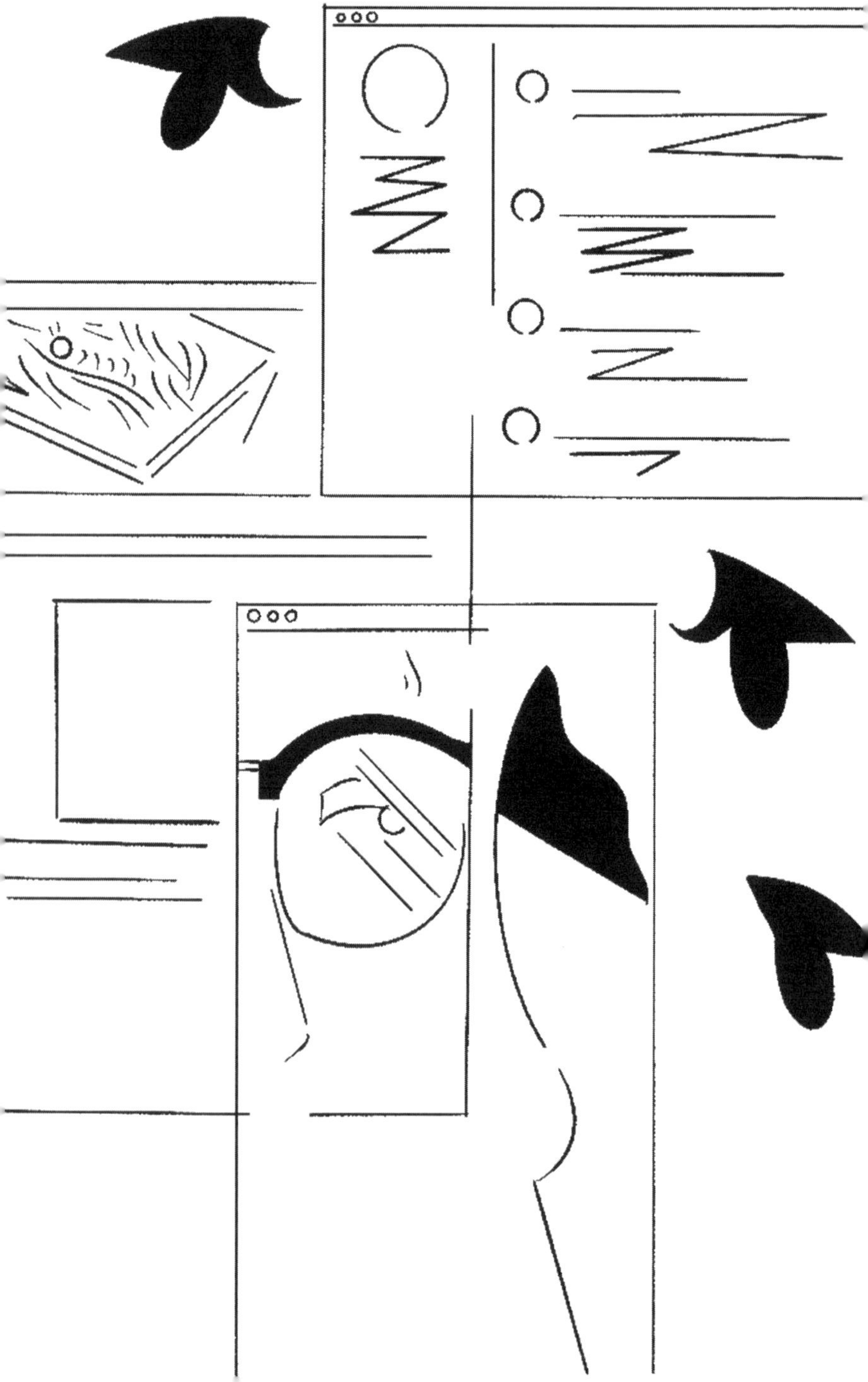

フェイクニュース

あるいはどこか遠くの戦争の話

ストーリー

ネットメディア「イーストポスト」の記者・東雲樹は、編集長の宇佐美からネット上を騒がせているインスタントうどんへの青虫混入事件の取材を命じられる。樹はSNSに最初に青虫混入の画像を投稿した男に会うが、真相は分からない。拡散され続けているフェイクニュースの真実を突き止めようと取材を続ける中、事態は予期せぬ方向へと展開していくのだった。

人々は自分の信じたい物語だけを信じ、
インフォデミックは加速する

成馬零一

Twitterでの告発から始まる物語

『フェイクニュース あるいはどこか遠くの戦争の話』（２０１８年、以下『フェイクニュース』）はＮＨＫで制作された前後編のテレビドラマだ。物語はインスタント食品・鶴亀うどんの中に青虫が混入されていたというユーザー名「木から落ちない日本猿」によるTwitterでの告発から始まり、ネットニュース・メディア「イーストポスト」で働く記者・東雲樹（北川景子）の視点でドラマは進んでいく。

青虫事件の影響で製造会社の鶴亀屋食品にはクレームが殺到し、親会社のテイショーフーズの株価は暴落。ネット上には同じように異物混入を訴えるブログ記事が増え、テイショーの工場で働いていた外国人労働者が奴隷のような扱いを受けていたという記事が大手海外ニュースサイト「ＣＳＳニュース」で報じられる。しかし東雲は編集長の宇佐美寛治（新井浩文）の指摘によって、このニュースが何者かによって捏造された〝フェイクニュース〟であることを知る。

本作は２０１８年の10月20日、27日に２週に渡って放送された。この年に野木亜紀子は『アンナチュラル』（TBSテレビ系）、『獣になれない私たち』（日本テレビ系、以下『けもなれ』）、『フェイクニュース』という三作のオリジナルドラマを書いている。

2016年に放送された『逃げるは恥だが役に立つ』（TBSテレビ系、以下『逃げ恥』）が大ヒットしたことで脚本家・野木亜紀子の名は広く知られることとなった。それまでに野木が手掛けていたテレビドラマや映画は、いわゆる原作モノで『逃げ恥』も含めたそれらの作品は、原作の魅力をうまく抽出した上で映画やドラマといった枠組みの中でうまく構成する「脚色の力」が強く評価されていた。

ドラマ脚本家にとってオリジナル作品を書くということは今後のキャリアを決定づける大きなチャンスだ。だからこそ、どのような作品を書くかがとても重要になってくるのだが、このタイミングで野木が書いた3作はどれも勝負作といえる高いクオリティのものだった。

まず、塚原あゆ子(チーフ演出)、新井順子(プロデューサー)と制作した『アンナチュラル』。本作は法医解剖医を主人公にした一話完結の科学捜査モノのドラマだ。2020年には同じチームで刑事ドラマ『MIU404』も手掛けている。社会的テーマと娯楽性がうまく融合した野木亜紀子のオリジナル作品というと、この2作の路線を思い浮かべる方が多いのではないかと思う。

対して『けもなれ』は、2010年に第22回フジテレビヤングシナリオ大賞を受賞した脚本家デビュー作『さよならロビンソンクルーソー』(フジテレビ系)と『逃げ恥』にあったテーマを深めた作品で、日本社会における30代女性の生きづらさを描いたヒューマンドラマとなっていた。チーフ演出を『Mother』(2010年)や『Woman』(2013年、どちらも日本テレビ系)といった坂元裕二脚本の作品で知られる水田伸生が務めたことで、文学性の高い重厚な作品に仕上がった。

作品のトーンは違うが、『けもなれ』のテーマを、中年男性視点のオフビートな演出で見せたのが2020年に作られた山下敦弘が全話の監督を務めた深夜ドラマ『コタキ兄弟と四苦八苦』(テレビ東京系)だったといえる。

『けもなれ』は『アンナチュラル』と比べると、野木の作家性がより強く打ち出されており、演出も説明台詞に頼らない硬派な仕上がりとなっていた。その結果、作品の負荷も高まってしまい、『逃げ恥』の路線を期待した視聴者を振り落とすものとなってしまったが、このシビアな世界認識こそが野木作品の真骨頂だといえるだろう。

『けもなれ』で野木は第37回向田邦子賞を受賞。そのことからも明らかなように、日本のテレビドラマが長年培ってきた文学性を受け継いだ正当な作品で、同作で名実共にドラマ脚本家としての野木亜紀子の評価は確立されたといえる。 つまり、社会派エンタメ作家としての力量を証明したのが『アンナチュラル』で、彼女の作家性が認められたのが『けもなれ』だった。

2018年に野木亜紀子が書いた3本のドラマ

小説でいうと前者が直木賞、後者が芥川賞を受賞するタイプの作品だ。このどちらも書けるということが作家としての野木の強みである。オリジナル作品を求められた際に、この2作を野木が打ち出したことは、作家としての力量を証明する上で懸命な選択だったといえるだろう。

一方、『フェイクニュース』は位置付けが難しい作品だ。

女性記者が異物混入事件を追っていくうちに巨悪と対峙することになる展開は、社会派ミステリーの基本的な流れで、方向性としては『アンナチュラル』や『MIU404』、あるいは塩田武士の小説を脚色した土井裕泰監督の映画『罪の声』（2020年）の路線に近いといえる。しかし、作品から受ける印象は大きく異なる。

『アンナチュラル』などの作品が、ちりばめられた情報をつなぎ合わせることで物語を紡いできたのに対し、『フェイクニュース』はそのようにして紡ぎ出される物語の背景を見せることで、「物語を信じてしまうことの危うさ」それ自体が大きなテーマとして描かれていた。

本作のプロデュースを担当した北野拓は１９８６年生まれで、当時31歳。代表作は、ＮＨＫ宮崎放送局に在籍していた２０１６年に演出とプロデュースを担当した安達奈緒子脚本のドラマ『宮崎のふたり』。同局在籍時には木皿泉脚本のラジオドラマ『呼吸する家』（２０１３年）も制作している。

２０２１年には三浦直之脚本の「東日本大震災から10年」を特集したドラマ『あなたのそばで明日が笑う』を手掛けており、若手ゆえに制作本数こそまだ少ないが、作家性のある脚本家を起用した力のこもった作品を作り続けている。

新人時代は報道記者だった北野の作品はどれもジャーナリスティックなアプローチによって作られた社会性のある作品となっている。

Twitterを見ている時の酩酊感

元々、NHKのドラマは取材に時間をかける傾向がある。

だからこそ、『あまちゃん』(2013年、NHK)などの演出で知られる井上剛のように、ドラマディレクターであると同時にドキュメンタリー作家的な側面を持った人も多いのだが、北野のドラマも丁寧に取材を重ねた作りとなっており、どの作品もフィクションであると同時に、とてもドキュメンタリー的だと感じる。

『フェイクニュース』もPV数と広告収入を中心に回っているウェブメディアの状況はもちろんのこと、アフィリエイト収入目的のブログやまとめサイトの運営者にも取材を重ねており、その成果が見事に生かされているため、SNS時代のネットメディアの問題を追ったドキュメンタリーとしても楽しめる。

取材を重ねることで社会問題を作品の中に取り込みリアルなフィクションに仕上げるという北野のアプローチは、野木の作風とも相性が良かった。

『フェイクニュース』には2018年当時、社会問題となっていた女性差別、外国人技能実習制度、そしてフェイクニュースに象徴されるインフォデミックといったモチーフをふんだんに盛り込んだ社会問題のフルコースのような作品だったといえる。

全2話の中で展開するには情報と物語を詰め込み過ぎで、終盤のまとめ方は強引に見えるが、この過剰な情報量こそが『フェイクニュース』の最大の魅力である。


放送当時、本作を見て、何より印象深かったのは、劇中に登場するTwitterなどで情報が拡散されていく様子だ。

劇中では次から次へとあぶくのように浮かび上がっては消えていくネットの情報に翻弄される人々の姿が描かれているのだが、描かれる物語も分単位で変わっていくため、自分は何を見せられているのだ？ と見ている間はとても混乱する。

情報を追いかけていくうちに、自分がどこにいるのか分からなくなっていく感触は、ＳＮＳやTwitterを延々とスクロールしながら気になる情報をクリックしているときに感覚の近い。

求める情報を探そうと検索を繰り返しているうちに、検索する行為自体が目的化してしまい、当初の目的を忘れてしまうことがよくあるが、そのときに感じる情報に酩酊しているかのような居心地の良さと悪さを、物語レベルで本作は追体験させてくれる。

本作の劇伴を担当する牛尾憲輔は『DEVILMAN crybaby』（２０１８年、Netflix）や『日本沈没２０２０』（２０２０年、Netflix）といったアニメの劇伴で知られている。テレビドラマの劇伴は初めてだったが、劇伴の影響もあってか『フェイクニュース』には近未来ＳＦアニメを見ているような手触りがある。

『外事警察』（２００９年、ＮＨＫ）などの作品の演出で知られる堀切園健太郎のソリッドな映像は、人物描写こそリアル志向だがＳＮＳの描写はＳＦアニメ的なケレン味がある。Twitterでつぶやいた発言が、瞬時に他の人々に伝わりスマートフォンでチェックされると同時に拡散され、リツイートやいいねが付けられる場面ではＰＣやスマホのインターフェイスが画面上にホログラフディスプレイのように浮き上がり、子どもの声のような着信音を加えることでポップかつ不気味な形で可視化している。

劇中で行なわれているＳＮＳのやりとりは、すでに日常化しているものだが、アニメ『攻殻機動隊』シリーズのような近未来ＳＦ風の見せ方をすることによって、私たちが暮らす現実自体がすでにＳＦアニメの世界以上にグロテスクな場所になってしまったということをあらわにしている。

だから『フェイクニュース』を見た後、改めてＳＮＳに触れると、自分がこんな恐ろしいものに触れていたのかと冷や汗が出てくる。そういった気づきを与えてくれる作品でもある。

東雲樹を演じた北川景子は、『家売るオンナ』（2016年、日本テレビ系）のような記号的でケレン味のあるキャラクター演技が持ち味となっていたが、本作では演技が抑制されており、その結果、クールな美人記者故にネットで偏見に晒されている女性像を見事に好演している。

野木作品に出演する俳優が魅力的に映るのは、過去に演じてきた役柄やタレントとしてのパブリックイメージを生かした上で、今までとは少しだけ違う役柄を与えてくれるからだ。特に30代前半の女性を演じる俳優は、みんな生き生きとしている。

『アンナチュラル』の石原さとみにも『けもなれ』の新垣結衣にも、同じことが言える。彼女らが演じる役も、アラサーの働く女性という立場だったが、年相応の落ち着きと年齢に見合った魅力、そして社会的立場を踏まえた上での仕事に対する責任意識を兼ね備えていた。それでいて説教臭くならないように生活感もあるという、とても多面的な人物像となっており「明るくかわいい」とか「クールな美人」といった単純なキャラクターに収まらない、年相応の魅力を引き出している。

一方、もうひとりの主人公といえる猿滑昇太を演じた光石研は、どこにでもいそうな普通のおじさんが、ふとしたきっかけで転落していく姿を好演していた。彼の転落する姿にはネット社会の暴力性が反映されており、見ていて苦しくなるが、同時にそこはかとないユーモアも漂わせている。

他にも新井浩文、矢本悠馬、永山絢斗、杉本哲太といった力のある俳優が脇を固めており、シリアスとブラックユーモアが同居した多層的な世界を形成していた。

「木から落ちない日本猿」の正体を検証するサイトで複数の写真に同じお菓子「竹取の里」が写り込んでいたことを知った東雲は、東日本新聞社の検索システムで、「竹取の里」を販売する「八ツ峰製菓」の記事を検索する。

そこで企画開発を行なった猿滑昇太の写真を発見し、彼が勤める八ツ峰製菓に向かう。正体を知られたと思った猿滑は会社から逃げ出し「イーストポストの記者が圧力をかけてきた。消される。」とツイート。ネットのマンパワーによって東雲の顔写真と過去が掘り返され、東雲には反日暴力記者というレッテルが貼られてしまう。

二年前、東日本新聞社の記者だった東雲は「外国人技能実習生の受け入れ」を巡る不正なお金の流れを追っていた。その証拠を探るために東雲は不正を行っていた経産省の官僚の上司で事件をもみ消した最上圭一（杉本哲太）に取材を行ったが、最上は東雲の肩に触れ、セクシャルハラスメントを行なう。

とっさに東雲は抵抗し、最上に回し蹴りを食らわせ、全治1カ月の重症を負わせてしまう。ふたりの間で起きたことは他言無用の示談となり、東雲の暴力もチャラとなった。しかしその後、東雲は新聞社にいられなくなりイーストポストに出向。一方の最上もその後、経産省を辞めてしまい現在は川浜県の県知事選挙に立候補していた。

取材を続ける東雲は、青虫事件によって被害を受けたテイショーの広報部長・松村慶次(神保悟志)を取材し、猿滑のことを語り、心当たりはないか?と尋ねる。

松村は、テイショーは現在、プライベートブランドのコンペに参加しており、そのライバルとなるお菓子会社が八ツ峰だと語る。

東雲の話を聞いた松村は、即座に八ツ峰に内容証明郵便を送る。そして記者会見を開き、猿滑がライバル会社であるテイショーの評判を落とすためにネットで誹謗中傷を行なっており、会社絡みの計画的犯行の可能性もあると告発する。

テイショーの株価は回復し、鶴亀うどんの売り上げは激増。一方、猿滑には批判が殺到し、住所も特定されてしまう。全てを失った猿滑は八つ当たりとばかりにイーストポストに不法侵入し、東雲に襲いかかる。猿滑は自社とテイショーが競合関係にあったことは知らなかった。同時に異物混入が事実だったことが、鶴亀屋食品の工場で働いていた春田（駒木根隆介）の手紙によって視聴者に明かされる。

異物混入事件は事実だったが、偽ブログやフェイクニュースを作ったのは猿滑ではなかった。猿滑にフェイクニュースと偽ブログのＵＲＬをTwitterのＤＭで送ってきたホワイトという人物が黒幕ではないかと思わせた後、物語は後編へと続く。

一方で描かれるのが、東雲と最上の因縁だ。テイショーと最上が友好関係にあることを元同僚の西剛（永山絢斗）に聞かされた東雲は、最上が何か不正を行おうとしているのではないかと考える。

最上は企業誘致を公約としており、工場建設まで視野に入れた大規模な改革計画をもくろんでいた。その際に誘致される企業がテイショーだった。

東雲の中で2年前に最上の部下が行なった不正と外国人労働者を奴隷のように働かせているテイショーのフェイクニュースがつながり、視聴者もまた、謎の存在であるホワイトと最上のもくろむ不正を東雲が暴く正義の物語となっていくのではないかと期待する。

しかし、この予感は後編で大きく覆される。

離婚して家を出た猿滑は鶴亀屋食品を訪ね、本当のことを証言してくれと言う。しかし春田が青虫を混入したことは、テイショーから箝口令が敷かれているため、取り合ってもらえず、逆に猿滑は、外国人労働者たちに追い回されることになる。その後、猿滑は警察に通報され刑務所に抑留される。

一方、東雲は、西からX、Y、Zという三団体の間で交わされた不正なお金の流れを現す分配図を見せられる。分配図は三団体が後でもめないようにするための覚書で、2年前に東雲が手に入れた分配図とそっくりだった。

東雲は、2年前の分配図では、Yが「外国人実習生の送り出し機関」、幹事役となるXは「人材派遣会社エデン」、そしてZを当時「不正を行なおうとした経産省の担当者（最上の部下）」だったと説明。今回の分配図ではZの位置に最上が入ることで、2年前に部下が行なった不正を川浜県で行おうとしているのではないかと西は推察する。

投票日まで残り5日。なんとか証拠を探すために東雲は取材を始め、まずは猿滑にDMを送ったとされるホワイトのもとへ向かう。

しかし、ホワイトは赤ん坊を育てる主婦で、偽ブログはアフィリエイト稼ぎのために作ったものだと語る。その後、訪れたまとめサイト運営者も右派と左派が食い付きそうな形で青虫事件の情報を流していただけで、フェイクニュースの制作者ではなかった。

当てが外れた東雲は川浜市の現職知事・福田幸三(三田村賢二)の選挙事務所を取材する。

最上が当選しテイショーの工場が誘致されれば、外国人労働者がどんどん入ってきて治安が悪くなるのではないかと心配する選挙スタッフ。彼らとの会話で知った最上が通っている「さくら亭」へと向かう東雲は「人材派遣会社エデン」の社員が何者かと食事していたことを突き止める。店員が控えていた車のナンバーをメモした東雲は、その後、最上に直談判。2年前と同じことをするのかと糾弾する。一度は東雲の前から逃げようとした最上だったが、車を止めて彼女の話を聞くことに。

東雲の説明に対して「状況は理解しました」と最上は言うが、その後、口にしたことは予想外のことだった。

最上は2年前を振り返り、東雲に全治一カ月の重症を負わされたことを「ラッキーな出来事だった」と語る。セクハラが明るみになっていたら自分は更迭されていたと振り返り「もう二度と馬鹿な真似はしない」と誓い「今度こそ私利私欲を捨てて働きたい」と思って経産省を辞め、県知事選に立候補したのだと告白する。

「生まれ変わったんだ私は」と語る最上が嘘を言っていると思った東雲は、怒りをあらわにする。

しかし、最上は「心当たりはある」と言い、先月から県内の工場で外国人実習生が一気に増えていることを話す。そして認可を出せる人物は対立候補の福田幸三だけだと説明した後、「君に入れ知恵をしたのは誰だ？　君は誰かに騙されて利用されたんじゃないか？」と東雲に問いかける。

東雲に分布図を見せた西は、実はZは県知事の福田だとにらんでいた。彼の目的は2年前に間に入ったX（人材派遣会社エデン）の正体を知ることで、そのために東雲に過去に因縁のあった最上が不正を行っているという嘘の情報をチラつかせたのだ。

「私を潰したかった君はその人物の描いた絵に乗ってしまった」
「感情は厄介だ。誰もが感情から逃れられない」
「君の目を狂わせたのは2年前の私だ」
「あの時は君の尊厳を傷つけてしまって申し訳なかった」

最上に謝罪された東雲は部屋から去り、車の中で泣く。彼女も猿滑と同じように一時の感情と正義を成すことの高揚感に酔ってしまい、自分を見失っていたのだ。

ここで視聴者は、東雲と同じように勝手な先入観で最上を悪役だと思い込んでいたことに気づかされる。

　やや余談となるが、最上を演じる杉本哲太は坂元裕二脚本の連続ドラマ『問題のあるレストラン』（2015年、フジテレビ系）で、女性社員に全裸で謝罪を行なわせたブラック企業の社長を演じていた。そのイメージが強かったため、東雲にセクハラを行なった最上を事件の黒幕だと筆者は信じ込んでいた。キャスティングに関してはどこまで意図的だったかは分からないが。点と点がつながり線となることで、人はついついそこに大きな物語を見いだしてしまう。自分が信じ込んでいた物語が単なる勘違い、もしくは誰かに信じるように誘導されていた（そしてそのことによって相手に失礼な振る舞いをしてしまったという）ことを追体験させてくれることが、『フェイクニュース』の美点ではないかと思う。

　それにしても、前編で見せた伏線を後編で全て叩き折るストーリー展開は、野木亜紀子自身が視聴者を引き付けるための脚本上のテクニックを自ら種明かしした上で、簡単に他人の作る物語を信じるなと言っているかのようでもある。

小さな出来事を一つ一つつなぎ合わせていくことで大きな物語を提示し、その背後にいる巨大な悪と戦うという物語は、人々を引き付ける。『アンナチュラル』も『MIU404』も、そのような作劇手法で作られているのだが、この2作で野木は、物語を偽装することで人々を操ろうとする敵をラスボスとして配置している。

『アンナチュラル』では連続殺人事件の犯人・高瀬文人（尾上寛之）のルポルタージュを書くことで高瀬の存在をカリスマ化しようともくろんだフリー記者の宍戸理一（北村有起哉）。『MIU404』では、ドーナツＥＰという違法ドラッグを売買し、インフルエンサーや動画配信者を利用して虚偽の情報をばらまいた久住（菅田将暉）がそういう存在だった。

特に『MIU404』の終盤で久住がＳＮＳを通して行なった偽装テロは『フェ

イクニュース』のセルフリメイクといえる場面で、劇中のSNS（つぶったー）が、久住が仕掛けた#MIU404というハッシュタグで埋まっていくと同時に、現実のTwitterでも#MIU404のハッシュタグがトレンド1位を獲得することとなり、ドラマと現実の境界が溶け出したかのような強烈なショックを視聴者に与えた。

これはコロナ禍によって顕著となった、真意の分からない情報がTwitterを覆い尽くすインフォデミックの再現でもあった。

『アンナチュラル』や『MIU404』にはインフォデミックの引き金を引いた巨悪と戦う物語がギリギリ成立していたのに対し、『フェイクニュース』にはそういった巨悪が用意されていない。

一応、物語としては、事件の黒幕は現知事の福田であり、フェイクニュースを作ったのはネット上のステマや世論操作を請け負う代理店の男、仕事を依頼した人間は青虫事件に乗じてテイショーのイメージダウンを狙った「人材派遣会社エデン」の社員だったことが明らかになる。

彼らの振る舞いはどこまでいっても利権に群がる小悪党でしかなく、劇中での印象は薄い。それは偽ブログを複数、運営していたホワイトや、まとめサイトの管理人にしても同様だ。一人一人の振る舞いは矮小なものだが、一つ一つの点をつなげることで、巨大な意思、あるいは大きな物語が駆動しているかのように見えてしまうことが『フェイクニュース』では絵解きされている。

東雲をだますことで西がスクープした福田県知事の汚職記事は、結局、上層部の判断で止められてしまう。慣例に縛られている新聞と違い、ネットメディアなら記事が自由に書けると東雲は言い、「青虫事件のフェイクニュースの裏にあった福田県知事の不正」というスクープ記事を出そうとする。

「みんなほんとのことなんてどーでもいいんだよ」
「自分にとって都合の悪い話は信じない」
「信じたいものだけを信じる」
「だったら、こっちはバカが喜ぶニュース流すまでだよ」

イーストポスト編集長の宇佐美が語るこのせりふは、本編では形を変えて何度もメディア関係者が口にするものだ。そんな宇佐美が東雲をサポートすることで、福田知事の告発記事をイーストポストで発表し、その記事が多くの人々に届く姿を見せることで、無責任に見えるウェブメディアにも、報道の矜持があるのだという希望を本作は見せている。

しかしそれはあくまで、送り手側の願望でしかない。

東雲の記事が出たことによって県知事選は大混乱に陥る。しかし、事実を覆い尽くすかのように、福田と最上が選挙演説を行なうショッピングモールの広場には、難民受け入れ反対派の団体と、難民受け入れ賛成派の団体が集まり、激しい抗争を繰り広げることとなる。

押し寄せた団体は、フェイクニュースにだまされたわけではなかった。日本で働いている外国人労働者の数である128万人という数字を、最上の政策によって受け入れる難民の数だと勘違いしたツイートを見た人が「難民が押し寄せたらテロが起きる」と、伝言ゲーム的に話が膨らんだところで拡散されたことが、#(ハッシュタグ)で盛り上がり、その影響で県外からやってきた集団だった。

その勘違いの背後にあるのは、自分の信じたい物語を信じたいという人々の欲望だ。

広場では暴動が起き、居合わせた市民たちは押しつぶされ、大怪我を負う。東雲たちが目指した報道の矜持は群衆たちによって塗りつぶされていく。

その様子をスマホの配信で見た猿滑の息子・里留（金子大地）は「ニッポンで戦争してる」とつぶやく。本作のサブタイトル「あるいはどこか遠くの戦争の話」の意味が、ここでやっと分かるのだが、本放送でこのシーンを見た時は話が飛躍し過ぎだと思い、あまり親身に受け止めることができなかった。

しかし、2021年1月6日にアメリカのワシントンで、ジョー・バイデンの次期大統領就任を正式に確定しようとしたアメリカ合衆国議会を妨害するためにその時はまだ大統領だったドナルド・トランプの熱狂的な支持者たちが起こした連邦議会議事堂襲撃事件の映像を見た時に、『フェイクニュース』の暴動の場面を思い出した。

『アンナチュラル』第1話「名前のない毒」が、現在起きている新型コロナウィルスのパンデミックをほうふつとさせるようなエピソードだったことを筆頭に、野木亜紀子のドラマで描かれたような事件が、数年後に現実化するということが増えている。

「どこか遠くの戦争の話」とうたわれた『フェイクニュース』の物語は、すでに「どこか遠くの」出来事ではなく、いつ自分の身に同じことが起きてもおかしくないことである。

だからこそ、頭に血が上ってやらかしてしまった自分自身の失敗を踏まえた上で猿滑が語る「落ち着こう」「息吸おう」「誰かを罵倒する前に考えよう」「深呼吸しましょう」「人を傷つける言葉を吐く前に」「私のようにしでかす前に」「立ち止まりましょう」という言葉が胸に響く。

崇高な理想は圧倒的な現実の前に簡単にかき消されてしまうものだが、案外、最後までしぶとく残るのは猿滑が語るような、素朴で当たり前の言葉なのかもしれない。

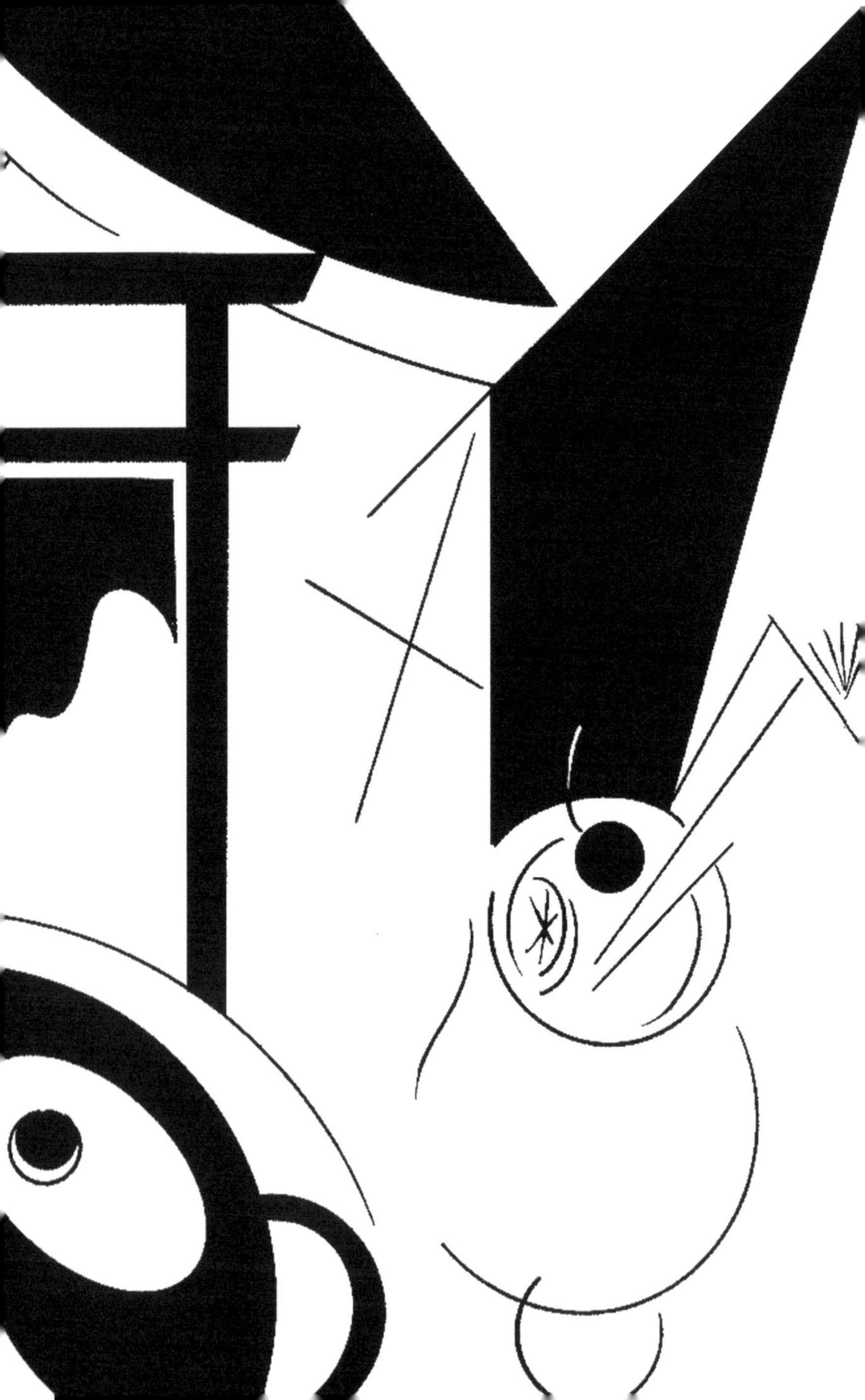

コタキ兄弟と四苦八苦

ストーリー

無職で独身の元予備校講師・兄一路のもとにある日、8年前に勘当したちゃらんぽらんな弟・二路が転がり込んでくる。正反対の性格のふたりだが、二路が起こした事故をきっかけに「レンタルおやじ」を始めることに。それぞれの孤独を抱えた依頼人たちの無理難題に〝四苦八苦〟しながらも、無職の残念な兄弟ふたりは、どうにか懸命に生きていこうとする。

厳しい現実と数々の苦しみを
優しいうそで包み込む、
現代が求めたSFファンタジー

田幸和歌子

野木亜紀子と山下敦弘に共通する視線

〝野木亜紀子ドラマ〟というと、『アンナチュラル』（2018年、TBSテレビ系）や『MIU404』（2020年、TBSテレビ系）の塚原あゆ子演出×新井順子プロデュースのTBSドラマを真っ先に思い浮かべる人が多いだろう。

しかし、そうした〝鉄板〟の女性たちチームが織りなすTBSドラマとは印象を異にするのが、テレビ東京深夜枠の「ドラマ24」で放送された『コタキ兄弟と四苦八苦』（2020年、以下『コタキ兄弟〜』）だ。

メガホンをとるのは、『リンダ リンダ リンダ』（2005年）、『天然コケッコー』（2007年）、『味園ユニバース』（2015年）、などの山下敦弘監督。主演は名バイプレイヤーの古舘寛治と滝藤賢一で、ふたりにレンタルおやじを勧める「先輩レンタルおやじ」には宮藤官九郎、各話ゲストには市川実日子、岸井ゆきのなど……。言ってみれば、良い素材ばかりを名シェフが料理する、小さな名店の料理なのだから、「これで美味しくならないわけがない」と感じる人が多いはずだ。

真面目過ぎる「求職中」の兄と、ちゃらんぽらんで「エターナル無職」の弟が、久しぶりに一緒に暮らし、ひょんなことから「レンタルおやじ」を始めるという物語。実はこの企画は、主演のふたりが3年前に「自分たちが主演のドラマを作ろう」と話したことがきっかけで生まれたものだそうだ。

それを知ると納得ではあるが、実は最初、この設定を聞いたとき、ちょっと意外な気がした。というのも、野木作品というと、『MIU404』や映画『罪の声』（2020年）を観るまでは、ある種、女性の生きづらさをヒリヒリするようなリアリティで描くものが多い印象を持っていたためだ。

ところが、放送が始まってみると、不思議なほど男性目線がリアルである。古舘寛治演じる兄・一路は、真面目過ぎるためにいろいろズレているが、人間愛に満ちていて、不器用ではあるが、勉強家で真面目ゆえに実は吸収力が高い。一方、滝藤賢一演じる弟・二路は、ちゃらんぽらんで無神経で図々しく、フランクに見えて、実はものすごく繊細で傷つきやすく、優しい。

そんなふたりは、「レンタルおやじ」として依頼人の求めに応じるわけだが、どちらも難があるために「ふたり合わせて1時間1000円」という安価で依頼を受けている。しかし、そのリーズナブルさを鑑みてもなお、実益だけを考えると、ふたり合わせて1未満の役にしか立っていないように見えることがある。最初のうちは、どちらにもある種の厄介さを感じたり、ハラハラしたりしていたはずなのに、彼らを知るたび、どうしようもなく優しく不器用で愛おしいふたりに思えてくるのが実に巧みだ。

これは野木脚本ならではの人物描写の深みや、物語の緻密な構成力、山下監督の柔らかく温たかな視線、さらに主演ふたりの佇まいのおかしみや哀愁、不器用な愛情などが起こした不思議な化学変化なのだろう。

考えてみれば、野木作品と同様に、山下監督作品にもまた、これまでいわゆる弱者たちに寄り添う温かな目線の感じられるものが多かった。例えば、日雇い労働をしながらその日暮らしをしていて、将来の夢も持たない青年（森山未來）を描いた『苦役列車』（2012年）。人付き合いが苦手で、友達も恋人もいなかった彼に友人ができたことから、その距離を間違えてしまうダメ具合は、おかしくも切なく、どこか憎めない。

松田龍平が「役立たずの居候のおじさん」を演じた『ぼくのおじさん』（2016年）もまた、大学の臨時講師で哲学を教えているものの、基本的に怠け者で、家族の中ではいつも厄介者扱いされていて、ひとたび女性に一目ぼれすると、距離の詰め方を大きく間違えてしまう男性として愛おしく描かれていた。

他にも、山下監督の映画に度々登場するのは、「記憶喪失で行くあてもない、歌だけうまい男」（『味園ユニバース』）や、「曲がったことが大嫌いで純粋すぎるために世間になじめない男」（『ハード・コア』2018年）など、いわゆる〝ダメ男〟たちだ。

そうした意味で、『コタキ兄弟と四苦八苦』は、主人公ふたりのダメ男ぶりや、淡々と抑制されたユーモア、どこか郷愁を誘う温たかみのある画作りなどのせいもあり、第一印象は野木作品よりも山下作品のカラーが色濃く出ているように見えるかもしれない。

しかし、主人公ふたりを「レンタル」しに来る依頼人を演じるのは、市川実日子、岸井ゆきの、望月歩、樋口可南子、川島鈴遥、門脇麦、吉沢悠、北浦愛と、女性が大半を占めている。また、そこで描かれるテーマには、山下作品よりも強い現代への批評性やシビアな視線が感じられる。

ところで、野木亜紀子と山下敦弘に共通する「弱者への温かな視線」は、野木が1974年生まれ、山下が1976年生まれという、バブル崩壊後の不況時代に社会に出た同世代特有の思いもあるだろう。

『現代用語の基礎知識』(1948年〜、自由国民社)を読むことが趣味の兄・一路は、本作のラストで「中年フリーター」の項を読む。

「20年前の就職氷河期時代に大学を卒業し、多くが非正規雇用となった世代が、その後も教育訓練などの機会に恵まれない非正規雇用格差を被っている」

実際、求職中の兄・一路と、「エターナル無職」の弟・二路は、まさにその世代であり、本作のテーマは「人間賛歌」だ。

ちなみに、「四苦八苦」はもともと仏教用語で、「四苦」は(生、老、病、死)の苦しみ、

「八苦」は四苦に愛別離苦（愛するものと別れる苦しみ）、怨憎会苦（憎むものと出会う苦しみ）、求不得苦（求めても得られない苦しみ）、五陰盛苦（心身の苦痛）を加えたものを指す。本作はそこにさらにオリジナルの苦しみを4つプラスした12話で構成されている。

つまり、題材は「苦しみ」なのだ。一見ユルく楽しい深夜の会話劇なのに、描いているテーマは実にシビア。その不思議な味わいは、おそらく野木脚本だけでも、山下演出だけでも作り出せなかった。ふたりの相性の良さが成せる業だろう。

野木作品の現代性

『逃げるは恥だが役に立つ』（2016年、TBSテレビ系、以下『逃げ恥』）『アンナチュラル』『MIU404』などをはじめ、野木作品の大きな特徴の一つに「現代性」がある。

面白いのは、『コタキ兄弟〜』の場合、昭和の香り漂うノスタルジックな作品に見えて、扱っているのが「レンタルおやじ」という、非常に現代的な題材であることだ。

兄・一路と弟・二路が「レンタルおやじ」を営むようになったきっかけは、二路が「UFOに気を取られて」自転車に乗った「レンタルおやじ」代表のムラタ（宮藤官九郎）と接触事故を起こしたことから。

本来、父親や母親、兄弟姉妹、妻や夫、子ども、恋人など、さまざまな立場や役割をレンタルできてしまうのが、人間を一時的に借りる「レンタル〇〇」だ。身内でもなく恋人でも、友人でも知人でもなく、わざわざ見ず知らずの他人を一時的にレンタルしたいのは、その役割を頼める・担ってくれる人が近くにいない、あるいは断絶してしまっているなどの事情があるか、助けを必要としているものの誰にも事情を知られたくないか、煩わしい感情や関係性抜きで粛々と目的を処理したいかのいずれかだろう。

本作においても、彼らふたりをレンタルする人々のほとんどが当初は「誰でもいい」「煩わしい感情のやり取り抜きでお願いしたい」と思って依頼する。その象徴が、樋口可南子がゲスト出演した第4話『死苦』だ。

この回の依頼は「少々長期になるから」ということで、先に依頼人・須弥子（樋口可南子）との面談から始まるのだが、「対応力に不安があるからセットになった」と聞いた」と言ったり、レンタルおやじとしてのふたりの宣材写真がサングラスをかけた姿であることに対して「やる気あるの？」とダメ出ししたりした挙句、「週2回で3カ月」の契約を結ぶ。理由は「あと3カ月したら世界が終わる」からだ。

ふたりを買い物に付き合わせ、名前も覚えず「あなたは何路？」と尋ねるなど、奴隷のように扱う須弥子。二路は大金が稼げると喜び、須弥子を「終末論者」だと言う。それを聞いた一路はとにかく真面目な性格ゆえに、終末論について調べ始め、すっかり夢中に……。この辺りの描写はYouTubeなどを始めたばかりで「陰謀論」にハマる老人のようでもある。

しかし、須弥子は残念ながら「終末論者」ではなく、「3カ月で終わるのは自分（須弥子）の世界」だった。病気で余命3カ月となったことから、友達に会い、仕事の人に会い、マンションを売って財産を全部処分した上で、最期のときを迎えようとしていたのだ。

「ひとり旅は楽しいけど、週に2日くらいは人としゃべりたい。友達には心配される。この先正気を失ってこれまでの関係や記憶を壊してしまうかもしれない」

「悪態つくのは、お金を使って無関係のどうでもいい兄弟で十分」と。

そんな須弥子はコタキ兄弟の身の上話を聞き、自身の思い出を語り始める。それは、小学校の頃、理科室の水晶が綺麗でどうしようもなく欲しくなり、盗んだという告白だ。しかし、理科室から離れた所で見た水晶はただのガラス玉に見え、罪悪感にかられた須弥子は、証拠隠滅として水晶を海に落とした。そして、思うのだ。「どうして私だけ世界から消えてしまうんだろう。誰かをすごく傷つけたとかじゃなく、水晶をガラス玉に変えた罪だったらいいな」と。

ある日突然、兄弟は「もう来なくていい」と言われ、しばらくして須弥子の葬儀に行く。そこで、須弥子が亡くなる前にこんなことを言っていたとムラタから聞かされるのだ。

「〝何路〟くらいで良かったのに……」。

人間関係の煩わしさや温かさ、優しさなどを抜きにして目的を達成するための

「レンタルおやじ」という事務的かつ無機的サービスなのに、それを遂行する上で、よりによってコタキ兄弟は優し過ぎた。ドライでライトな関わりができないふたりは、依頼者の本質的問題に深く入り込み過ぎることで、依頼者に当初とは別の選択肢を与えたり、踏みとどまらせるきっかけを与えてしまったりすることもある。だからこそ、最終回の第12話で初回の依頼人が再度依頼をしてくるまで、「レンタル兄弟おやじ」のリピーターがゼロだったのだろう。

さまざまな社会問題を描くことも野木作品の特徴だが、本作では「夫のDV」や、結婚式寸前に新郎に逃げられた妊婦が選ぶ「シングルマザー」の道、「モテ非モテの二元論」「情動感染」「LGBTQ」など、さまざまな問題が登場する。

こうした問題に対しても真反対の反応を示すコタキ兄弟。夫のDVから一刻も速く逃れたいため、離婚届にサインをしてほしいという依頼に対して「私文書偽造」だと諭す一路と、傍らで話を聞いていてすぐにサインする二路。そのとき依頼人が選んだのは融通の利く二路だったが、頭の固い一路の説得が、結果的に彼女に私文書偽造をとどまらせ、夫と正式に法で戦う力を与えていたことが最終回で分かる。

また、結婚式直前に新郎に逃げられたことを、島に住む両親には言わず、偽の新郎や親類をレンタルおやじたちで用意した妊娠中の新婦に対し、一路は「両親を騙すことに良心の呵責はないんですか」と真顔で問う。しかし、「手に入らないものを数えるのはやめた」「私はこの子を幸せにする。この子の幸せが私の幸せ」と語る新婦に理解を示し、不器用ながら、一生懸命にこんな言葉を紡ぎ出す。

「今日は仏滅で、仏滅っていうのは何もない日で、何もないってことは新しいことを始められる。何が言いたいかっていうと……」

それに対して新婦は「ありがと！」と笑い、ブーケを一路に渡すのだった。

もう一つ、本作では「性が背負わされる社会的役割という呪縛」や「世間の偏見」も大きなテーマとなっている。

例えば、第6話の「世間縛苦」。タワーマンションのホームパーティのゲストとしてレンタルされた一路だが、そこに別居中の妻・有花（中村優子）が現れる。「社会勉強として普段出会わないような人を順番に呼んでいる」と楽しそうに語るタワマン住民たちの醜悪な姿は、2021年4月半ばにネット上で炎上した「西成のホームレスとデートした」記事（「ティファニーで朝食を。松のやで定食を。」島田彩、2021年4月7日noteにて公開）と重なる気がした。

この記事は個人のnoteとして最初投稿されていたが、著名人たちが絶賛。しかし、実は大阪市が税金で電通に依頼した新今宮エリアブランド向上事業のPR記事だったことが判明し、炎上したというものだ。ホームレスを物珍しい見世物として扱う「新今宮ワンダーランド」の発想にも批判が殺到したのだった。

と同時に、この種の偏見が自分自身の中にないだろうかと考え、ゾッとする。ここまで真面目で融通が利かない一路に比べ、二路のことを軽く明るくちゃらんぽらんなニートと思い込んでいた。

しかし、「社会不適応」と呼ばれる二路は、仕事が続かないだけで、小学校の教員をする妻に代わり、立派に「主夫」を務めてきた。子どもの夜泣きに付き合い、ミルクも離乳食も全部やり、初めての「立っち」も見守り、毎日の弁当も作って、授業参観もPTAも行き、学芸会の衣装も作った。これらは、可視化されていなかった「専業主婦の労働」「好きの搾取」に切り込んだ海野つなみの原作漫画・野木脚本の『逃げ恥』とも重なる視点である。

しかも、『コタキ兄弟～』の場合は、それを専ら行っているのが夫であることから、さらに問題が複雑化している。

かつてはそんな父を娘も「いつも家にいて遊んでくれる」と友達に自慢し、小学生の頃はみんなにうらやましがられていたのに、徐々に「変だ」「お父さんは働かなきゃだめだ」「ダメな家族だ」と友達に言われるようになる。妻もまた、職場の学校で何かあるたび「監督能力がない。まともな家庭も作れない人に子どもを任せられない」と責められる。それで家に帰ると夫の能天気な笑顔……。昔はそれが好きだったのに、という。

自分や自分の大切な人の世界ではちゃんと成立しているはずなのに、それを傷つけ、壊してくるのは、世間の目や偏見だ。コロナ禍でオンライン授業やリモート勤務が増え、自殺者が減っているというニュースを2020年5月に見た際には、人と人の接触が減っている現在の世界は寂しくもあり、正直、楽な面もあると、感じてしまった（しかし、その後、増加に転じ、年別では2020年がリーマン・ショック後の2019年以来11年ぶりの増加と報じられるわけだが）。「エターナル無職」と言われ、ちゃらんぽらんだと思ってきた二路のこれまで語られていなかった「主夫」ぶりは、自分自身がそうした「世間の目」として無意識のうちに誰かを傷つけている可能性があることに気付かされる。

また、LGBTQに対する無理解から、同性愛者の「さっちゃん」（後に詳述）に対して良かれと思って「男性のいい人を見つけて」とアドバイスする一路が、目も合わせてもらえなくなったことで、さまざまな本を読んで、自分の発言がいかに酷いものだったかを理解し、恥ずかしさに苦悩する姿も、われわれであり、「世間の目」そのものだ。

さらに、優れたフィクションは現実を引き寄せてしまうような感覚を与えることもあるが、野木作品は「現代」を鋭い感覚で切り取ることが多い分、それがときには怖いほどの偶然につながってしまう。

例えば、『MIU404』の第4話「ミリオンダラー・ガール」。青池透子（美村里江）

がようやく普通に働けると思い、手取り14万円の安月給で暮らしていたら、実は暴力団の下での仕事だったことを知るくだりがあった。第4話の完成度そのものが非常に高かったのだが、この「手取り14万円」のフレーズは独立して、あまりに「タイムリー」として話題になってしまう。それは、コロナ禍で懸命に働いている東京女子医科大学病院の看護師の手取りが14万円であるという話題が、SNSなどで盛んに物議を醸していたタイミングとピタリと重なってしまったためだ。当然ながら脚本を執筆した段階でも、撮影・編集した段階でもその話題は出ていないので、あくまで偶然ではあるのだが。

また、『コタキ兄弟～』に至っては、門脇麦がゲスト出演する第7話「病苦」がなかなか恐ろしい。この回では兄弟が「音信不通の女性の安否確認」を依頼され、家を訪ねても返事はなく、動く電気メーターとポストから溢れる大量の郵便物があるだけ。「孤独死」が脳裏をよぎり、鍵のかかっていない扉を開けると、ゴミ屋敷のような光景が広がっており、こわごわ進んで行くと、ゴミに埋もれた女・神野あかり（門脇）が発見されるという内容である。

この神野は、看護師だった。職場に不機嫌を隠さない医師がやってきてからというもの、いつ逆鱗に触れるか分からないことで看護師たちが張り詰めた状態になり、気付くと誰かひとりの言葉がきつくなり、そこからイライラが次々に広がっていった。それは「情動感染」だと話す。

そんな中、7連勤の過労もたたってか、蓄尿容器の尿をいつの間にかぶちまけていたことに気付いた神野は、「自分だけは冷静だと思っていたのに」と茫然自失になる。以降、何もかも面倒になり、「生きるって、コスパが悪い」「植物になりたい」と言い、兄弟にも「情動感染」が起こるのだが……。3人がゴミの山に埋まり、静かに少しずつ植物化していく描写はSF的であり、コミカルでファンタジーな画に潜むブラックな現実は、時折驚くほどの鬱展開がある小田扉の漫画『団地ともお』(2003年~2019年)のようにも見えた。

だが、放送当時に見ていた時よりも、コロナ禍で看護師が過労により倒れ、大量に退職していく現状でこのエピソードを見ると、あまりに重く辛い。と同時に、潜在的にあったはずの看護師不足を改善する施策も行わないままコロナ禍に突入し、その問題が一気に顕在化した今も、医療従事者の待遇改善に努めるどころか真逆の方向に走る「日雇い派遣」を解禁する現在に、出口の見えない不安と何もできない無力感を感じざるを得ない。

野木作品のキーワード「分岐点」

野木作品の中で、もう一つのキーワードとして「分岐点」が挙げられると思う。

たとえば、『獣になれない私たち』（２０１８年、日本テレビ系）は全方位に気を遣い、神経をすり減らすヒロイン・晶（新垣結衣）が、長く長く続くトンネルの中で、出口である分岐点を求めて、もがき、あがく物語だった。

石原さとみ主演の『アンナチュラル』の場合、遺体という「結果」から、そこに至るまでの道筋を遡って探る物語であった。

それらに対し、綾野剛×星野源のW主演ドラマ『MIU404』は事件が起こった道筋の「入口」に立ち、引き留めようとする物語だ。

『アンナチュラル』と『MIU404』の両作は逆方向のアプローチから「分岐点」を描いている。

例えば、『MIU404』の中で非常に重要な意味を持っていたのが、第3話のタイトルもズバリ「分岐点」である。

先輩たちの不祥事が原因で廃部となった元陸上部の部員たちが、やり場のない怒りを持て余し、イタズラで虚偽の通報を繰り返していた。そんな中、第4機動捜査隊によってチームは壊滅。成川（鈴鹿央士）と勝俣（前田旺志郎）が二手に分かれて逃げる中、伊吹（綾野剛）が追った勝俣は罪を認めて更生を誓ったのに対し、九重（岡田健史）が追った成川はそのまま逃走。行き場を失い、久住（菅田将暉）と出会い、犯罪に手を染めていく。

この回の冒頭で描かれた「ピタゴラ装置」のパチンコ玉をキャッチした伊吹と、取りこぼした九重との「分岐点」であり、ふたりが追った少年たちの「分岐点」ともなった。そこから、成川を引き戻すことができなかった九重の後悔と贖罪は続いていく。

また、第8話では、伊吹を唯一信じてくれた恩人・元ベテラン刑事の蒲郡、通称〝ガマさん〟（小日向文世）が、妻を殺したもにもかかわらず、法で裁かれない犯人を自らの手で断罪する。ガマさんが殺人を犯してしまうことを止められなかったのかと悩む伊吹だが、ガマさんは伊吹の相方・志摩（星野源）にこんな言葉を託す。

「伊吹に伝えてくれ。お前にできることは何もなかった。何もだ」

「あのとき、こうしていれば……」と後になって気付くことや、後悔、罪の意識を抱きながら生きる人はたくさんいる。そして、何度も原因を考えてはぶち当たる「分岐点」で、自分が選ばなかった方の未来に思いを馳せることもある。

『MIU404』の場合、「初動捜査」という「分岐点」の手前の物語が描かれているため、救えなかった命があり、シビアな現実があり、そして、一度分岐点で選択を誤っても、それが致命的な重大ミスであったとしてすらも、生きている限りは、次の「分岐点」でやり直すことができる可能性も示唆している。

それらに対して、『コタキ兄弟～』の中では、ふとしたきっかけから「レンタルおやじ」を営むことになった兄弟・一路＆二路が出会う人々の人生の分岐点が描かれてきた。それは離婚やニセの結婚式、初デート、死、病、定年などなど……。コタキ兄弟はさまざまな人の人生の「分岐点」に出会う一方で、彼らの想定になかった別の選択肢となる「分岐点」そのものの存在にもなってきた。

そして、途中からはコタキ兄弟の過去と、ふたりが通う「喫茶シャバダバ」のアルバイト店員さっちゃん（芳根京子）の過去が交錯することになる。彼らの過去をつなぐのは、レンタルおやじが入り浸る「喫茶シャバダバ」と古滝家との「分岐点」であるY字路だった。そこには壮大な伏線が回収される「分岐点」のあり方が描かれている。

さっちゃんと優しいうそ

他の野木作品と異なり、『コタキ兄弟～』に色濃く存在しているのは、ファンタジーやSF的色味である。その中心に存在するのが、前述の、ふたりが通う「喫茶シャバダバ」の看板娘、芳根京子演じる「さっちゃん」だ。

最初は「一路がご執心」と思われていた、明るくかわいいマドンナ的存在であり、「レンタルおやじ」が依頼人と出会う場所として、ドラマの起承転結を見守る視聴者に近い存在にも見えた。

しかし、そんな「さっちゃん」の奇妙な点が徐々に見えてくる。

例えば第5話で、高齢店主に「労働ナントカ法で毎月50円ずつアップしないといけない」といううそをつき、時給を上げさせ続けていた腹黒さがあること。さらに、レジの中から3万円を抜いてエプロンのポケットにしまっていたが、それは三河屋という業者が押し売りに来るため、高齢店主が大金を払ってしまわないよう、万札をレジに置かないように守っていただけだったという頼もしさ・善良さもあること。

おまけに、さっちゃんがレジのお金を盗んだと勘違いした一路と、一路が盗んだと勘違いした二路により、レジのお金が増えるという不思議な現象に直面したさっちゃんは、「ポケットにしまったお金が、叩けば増えるんじゃないか」と本気で考えるような無邪気さも持ち合わせている。しっかり・ちゃっかりの現実的な面と、ファンタジーな無邪気な面が同居している点が、さっちゃんという人物の奥深さになっている。

それがさらに不思議な展開につながるのが、兄弟同士の中身の入れ替わりと、さっちゃんも加えた3人の入れ替わりという珍妙な展開が描かれた第8話。

入れ替わりはLGBTQに関する悩みを抱くさっちゃんの「もし、自分が男だったら、恋人との恋愛もみんなに祝福されたのだろう」「もし自分が男だったら、ナメられることもなかったろう」などの思いが凝縮された夢オチだった。

しかし、その中でさっちゃんが小さな頃に亡くなったお父さんが船乗りで、たまに帰ってくるだけだったことや、Y字路の左手にある喫茶シャバダバは、もともとお父さんが好きで通っていた店だったこと、Y字路の右手は「行ってはいけない道」と言われていたことなど、数々の過去の「事実」が明かされる。

「行ってはいけない道」の先にあったのは、実はコタキ兄弟の家で、迷子になった幼いさっちゃんに声をかけてくれたのが、コタキ兄弟だったのだ。

しかも、第10話では、そんなさっちゃんとコタキ兄弟が実は腹違いのきょうだいだったという衝撃的な事実も発覚し、一気に見えなかった諸事情がつながってくる。

「さっちゃんにご執心」に見えた一路は、実はその事実を知り、妹を見守りつつ、ホームレスで行き倒れになっていた父の面会に定期的に行っていたこと。

一路は父に対し、自分が「弁護士」とうそをつくが、父は「俺に息子なんかいない。それに、もし俺の息子だったらもっと成功しているはず。そんな安っぽい薄っぺらいカバンを持っていない」と侮辱するが、一路が憤慨して帰った後に「あいつは子どもの頃から真面目で俺にちっとも似てねぇ」とつぶやいていたことを、一路は知らない。

また、さっちゃんが、父の仕事について「船乗り」と聞かされた理由は、二路と同じく「その場しのぎのうそしかつけない」父が、喫茶シャバダバの店内で船の模型を見たためだったこと。さっちゃんの母がそのうそに乗った理由は、「望まれて愛されて生まれてきた」と伝えたかったからだということ。

その一方で、母の最期に立ち合わずに逃げ出したと思われていた二路に、実は理由があったこと。父（自分の夫）に似ている二路ばかりをそばに置いてかわいがっていた母が、病気が悪化してからは父と二路を重ね合わせて罵るようになり、そんな母を自分が苦しめていると感じたことで、二路が母の前から姿を消したのだということも明かされる。

さらに最終話の第12話で、コタキ兄弟は、恋人と共に遠方に越していく妹・さっちゃんに対し、自分たちがきょうだいであることは明かさず「コタキ家での3人きょうだいという設定の1泊2日ツアー」を提案する。

その「体験ツアー」を通して、さっちゃんが父が次に行く場所「ローマ＝全ての道はローマに通ず」を探して迷子になった時、声をかけて親切にしてくれたのがコタキ兄弟だったことに気付く。それを思い出したきっかけは、タヌキの置物の腹にカタカナで書かれた「ローマ」の文字＝幼い日にローマを探して迷子になったさっちゃんのために、二路が父譲りの「その場しのぎのうそ」で書いてくれたものだった。

その時、「いつかまた道に迷ったら、いつでもおいで」と言ってくれたお兄さんたちのことをさっちゃんは忘れていたにもかかわらず、恋人のことで悩み、行き詰まった先でまた再会を果たしていたわけだ。自分の腹違いの兄たちとは知らずに……。

さっちゃんメインの回は、「ポケットを叩くとお金が増える」「兄弟入れ替わり」など、夢オチや誤解も含め、どこか唐突で、突飛で、摩訶不思議な味わいの回となっていた。まるで夏目漱石の『夢十夜』(1908年)や、往年の人気アニメ『うる星やつら』(1981年〜1986年)の押井守演出回のような、その他の作品と異なる突出した不思議なSF的色合いを感じさせるものでもあった。

それらが実はさっちゃんとコタキ兄弟との結び付きにつながる、細かな伏線の数々だったとは。父の荒唐無稽な「船乗り」設定は、たまにしか会えない娘に対する罪悪感からきたうそだったし、ファンタジー感溢れるY字路の「行ってはいけない道」設定の先にあるのは、父とその妻、子どもたち(腹違いの兄・コタキ兄弟)の家だった。そして、全ての道が続く先の「ローマ」は、さっちゃんが人生で迷ったときにたどり着く「もう一つの家族＝コタキ兄弟」だった。SF的・ファンタジー的な世界観を作り出しているものは、父の狡い優しさであったり、母の強がりな優しさだったり、兄たちの無意識や勘違いの優しさだったりと、どれもこれもさっちゃんを守るためのうそだった。

みんなに愛され、守られてきたからこそ、しっかり・ちゃっかりしたさっちゃんが「行ってはいけない道の先にローマがある」と子どもの頃から信じたり、「ポケットを叩くとお札が増える」と思い込んだり、自分が生まれ持った「性」の悩みで「おじさんたちと入れ替わる」夢を見たりというファンタジー的性質を、大人になった今も持ち続けているのだろう。

さっちゃんが担っているのは、本作の大きなテーマ「人間賛歌」に散りばめられた点と点をつなぐ役割であり、「優しいうそ」の力なのだろう。1泊2日の「3人兄妹」という設定の体験型シミュレーションツアーを経て、3人はかつて彼らが出会った時のあの言葉「いつかまた道に迷ったら、いつでもここにおいで」の続きを、今度は三人揃って口にする。

「いつだって、ローマはここにある」

『コタキ兄弟と四苦八苦』は、いくつもの厳しい現実とこの世の数々の苦しみを優しいうそと愛情で包み込む、現代が求めた懐かしくて新しい「SF」「ファンタジー」作品なのだ。

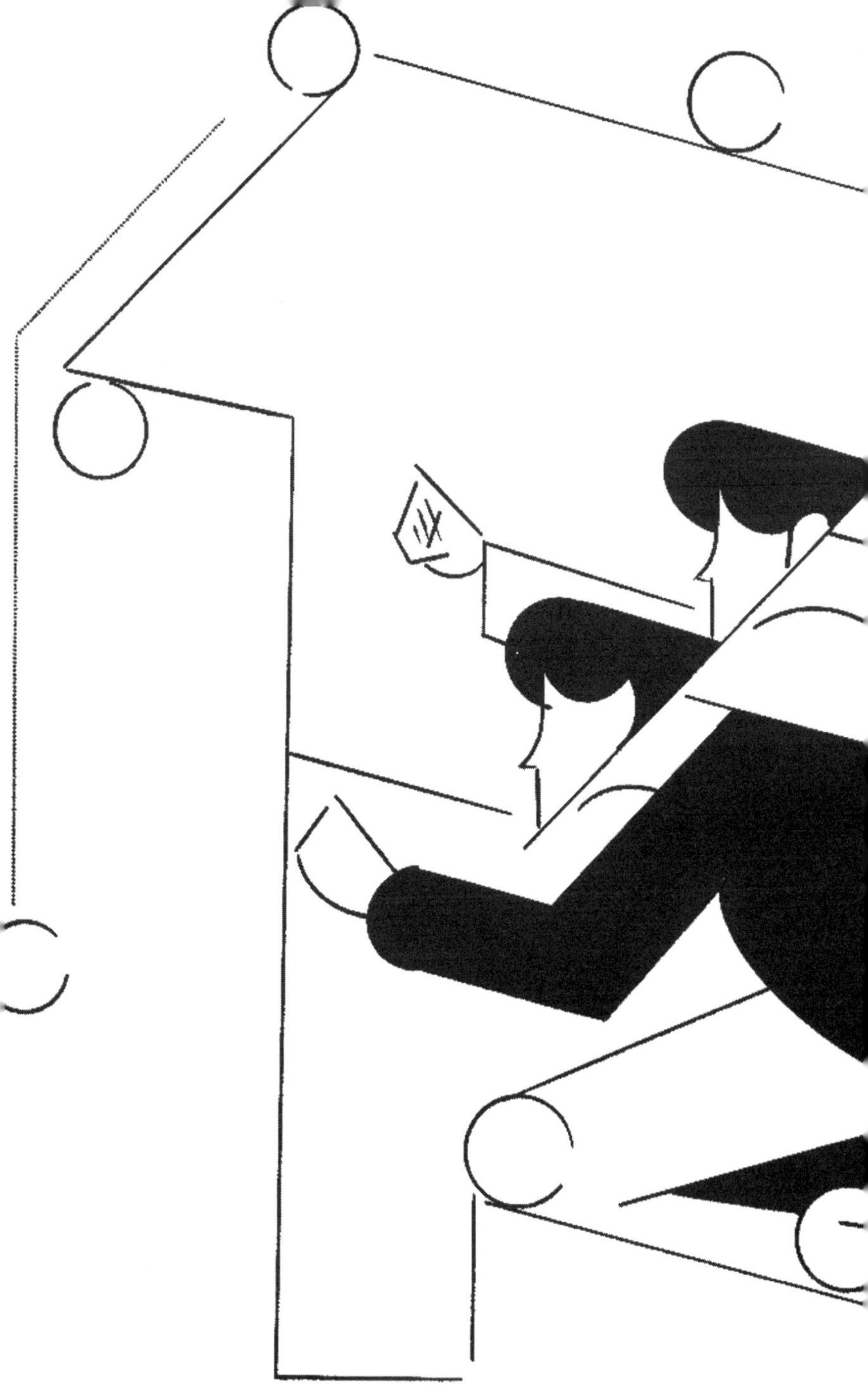

MIU404

ストーリー

警視庁の働き方改革の一環で新設された臨時部隊「警視庁刑事部・第4機動捜査隊（＝略称・第4機捜）」に配属された志摩一未。人事トラブルからバディが見つからず、候補段階で落としていた交番勤務員・伊吹藍とバディを組むことに。冷静で理性的な志摩と運動神経だけが取り柄で野生の勘で動く伊吹は、反目し合いながらも絆を深め数々の事件に立ち向かっていく。

かつてない“ブロマンス”は
なぜ人々を熱狂させたのか

横川良明

既存の刑事ドラマとは一線を画した作品に

この原稿を書いているのは、2021年の4月。もうすぐゴールデンウィークがやってくる。そんな中、驚くべきことに、まだメロンパン号(第1話でクラッシュさせてしまった覆面パトカーの代車として第2話以降、伊吹(綾野剛)と志摩(星野源)が乗っている「まるごとメロンパン」の移動車)が日本のどこかを走っているという。登場するドラマの放送終了から7カ月以上過ぎてなおイベントが継続されているなんて、日本の連ドラでは異例のことだ。それだけ多くの人が求めているのだろう。あの追尾にはつくづく向かない、目立ち過ぎるメロンパン号に会えるのを。そして、伊吹や志摩ら4機捜のメンバーと過ごしたあの夏の火照りに再び触れられる瞬間を。

『MIU404』は、プロデューサー・新井順子、演出・塚原あゆ子、そして脚本・野木亜紀子という『アンナチュラル』(2018年、TBSテレビ系)トリオが再びチームを組んだ作品だ。題材は、警視庁機動捜査隊(機捜)。いつか機動捜査隊モノを作りたいと構想を温めてきた新井の熱意が発火点となり、そこに既存の刑事ドラマとは一線を画したものを生み出したいという作り手たちの思いが引火して、起爆力溢れるネオヒロイック・エンターテインメントへと昇華した。

東京ニュース通信社発刊による公式メモリアルブックは発売初週で1・7万部を売り上げ（2020年10月5日付「オリコン週間BOOKランキング」）、その後、3度にわたって重版。Blu-ray&DVD BOXもオリコンランキングでそれぞれ週間3位に入り（2021年1月4日付）、好セールスを記録した。これらの数字から分かる通り、『MIU404』はファンがお金を出したくなる、いわゆる〝オタク〟を生んだドラマだ。

何がそれだけ人々を高ぶらせたのか。この章では、『MIU404』への熱狂の理由という切り口から、野木脚本の面白さと、作品の魅力を改めてひもといていく。

伊吹と志摩は〝ベン図〟のような関係だった

近年、〝ブロマンス〟というジャンルがマグマのような熱を帯びている。「ブラザー」と「ロマンス」を組み合わせた造語であり、おのおのによって定義付けは微妙に異なるが、簡単に言うと、友情を筆頭とした男性同士による強い結び付きを〝ブロマンス〟と呼び、そこに恋愛関係や性的関係は含まないものとされている。ブームの火付け役となったのは、イギリスのドラマ『SHERLOCK』（２０１０年〜）。ときに対立しながらも、力を合わせて難事件に挑むシャーロックとワトソンのあつい友情に世界中が夢中になった。

その熱波はたちまち日本にも上陸する。日本では、吉田秋生による漫画『BANANA FISH』（１９８５年〜１９９４年、小学館）が〝ブロマンス〟の金字塔として古くから愛されているが、特にここ数年は連ドラの世界でも〝バディもの〟という形で繚乱期を迎え、『MIU404』の放送時も『SUITS/スーツ２』（２０２０年、フジテレビ系）、『未満警察ミッドナイトランナー』（２０２０年、日本テレビ系）と各局がこぞって〝バディもの〟をオンエア。この根底には、『SHERLOCK』を源流とする〝ブロマンス〟ブームの影響が少なからず見え隠れしている。そして、その中でもとりわけふたりの主人公による魂の結び付きを人間臭くエモーショナルに描いたのが、『MIU404』だった。

『MIU404』への熱狂の理由。その一つ目は、伊吹藍と志摩一未の尊い絆だ。ふたりの関係は、これまでの〝バディもの〟の何にも似ていない、唯一無二のものだった。

一般的に〝バディもの〟は、コンビが対照

的であればあるほど良いとされる。『相棒』（2000年、テレビ朝日系）の杉下右京と亀山薫は「頭脳派」と「肉体派」という分かりやすい対比がなされており、『チーム・バチスタの栄光』（2008年、フジテレビ系）の田口公平と白鳥圭輔も「昼行灯」と「ロジカルモンスター」という正反対のキャラクター付けが人気を博した。『MIU404』も伊吹が「野生の刑事」、志摩が「理性の刑事」と設定されており、一見すればこれまで数多くの〝バディもの〟で構築されたパターンを踏襲しているように思われた。

しかし、蓋を開けてみると、違った。このふたりはそんなに分かりやすくない。特に志摩に関しては、これまでの〝バディもの〟の類型を脱したキャラクターだった。すぐ頭に血が上る伊吹を「うちの野犬」呼ばわりしながらも、自分も案外沸点が低く、わりとすぐに感情的になる。真逆というより、むしろ似た者同士。静と動、陰と陽といった記号的なカテゴライズよりも、感覚的には数学の集合問題で用いられる〝ベン図〟に近い。一部が重なる2つの円。それこそが、伊吹と志摩なのではないだろうか。

お互いそれぞれ異なるファクターを持ちつつ、ある部分においては「AかつB」という共通項を有する。そして、その重なりがふたりの結び付きを強くした。では、伊吹と志摩がそれぞれ持っていたものとは何か。そして〝ベン図〟でいうところの「AかつB」とは何だったのか。ふたりのキャラクターを基に解析していきたい。

救えなかった痛みが、ふたりを共同体にした

まず伊吹には無く志摩が持っているもの。それは、ルールを重んじる姿勢だ。4機捜(警視庁刑事部4機動捜査隊)に配属になったばかりの伊吹は、ルールに対して無頓着で、出動の際に戸締まりをしろと命じる志摩を頭が固いと軽んじるような場面があった。そもそも奥多摩の交番に飛ばされていたのも、麻布中央署時代に犯人をタコ殴りにし、拳銃まで出すというルール破りの暴挙を罰せられたから。そんな伊吹に「規則は必要だからある」と説き、あくまでルールの中で犯人を追いかけたのが志摩だった。

ルールという補助線を引くと、当初、伊吹と志摩は対極の位置にいた。それが、共に行動していく中で、素直な伊吹は志摩の教えを守り、メロンパン号を離れるときも律儀に鍵を掛けるようになり、「悪いやつはぶっ殺しちゃえばいいよ」と言う機動捜査隊隊長・桔梗ゆづる(麻生久美子)の息子・

ゆたか（番家天嵩）に「法律というルールがあって、俺たちはそれを守らなきゃいけない」と諭せるまでになった。見違えるような成長ぶりだ。

では、志摩に無くて伊吹が持っているものは何だったのか。それは、人を信じる心だ。少年漫画の主人公がそのまま大人になったような伊吹は、屈託なく何でも信じる。まるごとメロンパンにはメロンが1個まるごと入っていると信じ、殺人の容疑をかけられ逃亡している加々見崇（松下洸平）の無実を信じた。対する志摩は「他人も自分も信用しない」と人を拒むような態度をとり、刑事という職業を「俺たちの仕事は疑うことだ」と言ってはばからない男だった。それが、「ふんわり推理」と揶揄していた伊吹の勘をやがて信用するようになり、トランクルームで発見されたケンさん（佐伯新）の遺体について、自殺か他殺か伊吹の見解を聞くまでになった。こちらも、つい頬が緩むような変化だ。

人と人は、影響し合うから面白い。相手の信念や考えに感化され、自分が変わる。相手からもらった言葉が自分の中で息づき、やがて自分の言葉となる。だから、出会いは美しい。

綾野剛が、放送開始前にふたりの関係を〝金環日食〟に例えていたが、今ならその比喩の意味がよく分かる。隣接した2つの円は回を重ねるごとにどんどん近づいていき、重なる部分の面積が増していった。伊吹はルールの意味を知り、志摩は人を信じる心を取り戻す。そうやってやがて〝金環日食〟のように円と円がほぼ1つに重なり合う。その関係性の美しさに、視聴者は胸を震わせた。ふたりをいつまでも見ていたいと思うようになった。この「いつまでも見ていたい」という気持ちが、放送終了後も決して衰えることのない作品愛の熱源となっている。

さらに、〝ベン図〟でいうところの「AかつB」の部分は、伊吹と志摩の場合、何だったのかと言うと、それは人を救えなかった痛みだろう。伊吹は、恩人である蒲郡慈生(ガマさん、小日向文世)が罪を犯すことを止められなかった。志摩は、過去に相棒である香坂義孝(村上虹郎)からのメッセージを無視し、結果、彼の死の遠因をつくった。ふたりの痛みは、羽野麦(ハムちゃん、黒川智花)を救えたことで救済されたようにも見えた。

けれど、きっとそういうわけでもないのだろう。ある人を救えたことが、他の誰かを救えなかったことの免罪符にはならない。痛みは痛みとして、一生抱えて生きていく。志摩が久住(菅田将暉)に「生きて、俺たちところで苦しめ」と言ったのが、その証拠だろう。ふたりは、ずっと苦しみを背負い続ける。だけど、似たような苦しみを抱えている人がいるということが、背中の十字架をかすかに軽くすることもある。痛みの共有が、ふたりをより確かな共同体にした。

野木は、伊吹と志摩のネーミングについて「実数ではない」「1未満」ということから、それぞれ「藍(i)」と「一未」と名付けたと明かしていたが、人として足りないところの多い伊吹と志摩は、ふたりでひとりというような面があった。この共鳴や連帯とも違う、ある種の同化に近い関係性が、『MIU404』の〝バディもの〟としての新規性であり、そこに多くの人は胸の高鳴りに近い何かを覚えた。

直接確認したことはないので、憶測でしかないのだけど、野木自身は、〝ブロマンス〟という概念にそこまで親しくはないと思う。少なくとも野木が〝ブロマンス〟という言葉で『MIU404』を語っているのを見聞きしたことがないし、他の作り手たちも〝ブロマンス〟に対して決して自覚的ではなかったように見える。ただ、とにかく最高の〝バディもの〟をと全員が持てる力を注ぎ込んだ結果、最上の〝ブロマンス〟となり、確変のようなパワーを生み出した。今なお続く『MIU404』への熱狂の動力源は、そこではないかと思う。

つい役名で呼びたくなる魅力的な人物造形力

そもそも『MIU404』以前の野木亜紀子は女性を描く作家として評価が高かった。代表作である『アンナチュラル』や『獣になれない私たち』（2018年、日本テレビ系）にはフェミニズムの視点が通底しているし、『MIU404』でも男社会の中で信念を貫く桔梗ゆづるのキャラクターは多くの支持を集めた。野木作品に登場する女性像に共感や憧れを抱く視聴者も少なくないだろう。

だが、実は女性もさることながら、男性を魅力的に描くことに長けた作家だと思う。その代表例が、『逃げるは恥だが役に立つ』（2016年、TBS系、以下『逃げ恥』）の津崎平匡（星野源）であり、『アンナチュラル』の中堂系（井浦新）だ。もちろん『逃げ恥』は海野つなみの原作があっての作品であり、基本的な人物造形は原作をベースにしている。その上で、ドラマの平匡さんに付加されたあの人間味溢れる愛らしさは、間違いなく『逃げ恥』人気の核となったものであり、それは演じた星野源の功績であり、脚本を手がけた野木の功績でもある。

『アンナチュラル』の中堂さんは、オリジナル作品である分、さらに分かりやすい。腕は確かだが、口が悪く愛想もない、パワハラ上等の中堂さんは、ともすると拒否反応が起きかねないキャラクターだ。だが、主人公の三澄ミコト(石原さとみ)に「中堂さんって相当感じ悪いですよ」と指摘されて動転したり、「クソ」発言禁止の誓約書を書かされたりと、憎めない部分も多く、『アンナチュラル』きっての人気キャラとなった。野木はこうした男のかわいげや隙を描くのが抜群にうまい。

伊吹でいえば、ベトナム人留学生のマイ(フォンチー)に「イブキ、いらない」とあっさりフラれながら「君はまだ俺の魅力に気付いてない」と粘ったり、ハムちゃんからハートマーク付きのメッセージをもらって浮かれたり、気になる女性に対しては単純そのもの。小学生のような恋愛スキルが親しみやすさにつながった。一方、志摩はとっつきにくい性格と思いきや、メロンパンの金額を真面目に考えていたり、桔梗をほのかに慕いつつもまるで脈がなかったり、そこかしこが隙だらけ。でもそれが、仕事面での有能さとのギャップを生み、愛着に転化した。

こうした男性描写のうまさは、伊吹や志摩に限らない。最初は合理主義のエリートに見えた九重世人（岡田健史）が感情的になると博多弁が出たり、強面の陣馬耕平（橋本じゅん）が「どいつもこいつもよ、俺が時代遅れのオヤジだってバカにしやがって……」と泣き出したり。普段は風見鶏の我孫子豆治（生瀬勝久）が珍しく勇ましい声で部下を一喝したかと思いきや「いつかパワハラで訴えられるな」とぼやいたり。野木は意図的に男性キャラからマチズモを取り除き、何かしらかわいらしい要素を付加している。「男は度胸、女は愛嬌」なんて死語があるが、野木の描くキャラクターは男女問わず度胸と愛嬌を兼ね備えているのが特徴だ。だから、視聴者は身近に感じられるし、つい「伊吹」「志摩」「九ちゃん」「陣馬さん」と役名で呼びたくなる。その魅力的な人物造形力が、熱烈なファンダムを形成した理由の1つであることは間違いない。

生活者目線で切り取る社会問題が、共感と賛同を生む

『MIU404』がなぜここまでの熱狂を生んだか。第一の理由を、伊吹と志摩の絆の尊さと、それに付随する野木亜紀子の人物造形力と置いたが、これらが熱狂の渦の中心点なら、その渦を全方位へと広げたのが、野木の社会に対するまなざしだろう。

『アンナチュラル』の頃から、過重労働やいじめなど、事件の背景には現代社会が抱えるさまざまな問題が横たわっていた。野木は世の中の犯罪は社会の映し鏡であり、事件モノをやる以上、社会問題を入れざるを得ないと話し、『MIU404』でもあおり運転や外国人労働者問題など多くの時事ネタを取り入れた。

いわゆる社会派と呼ばれる作品を手がける作家は、野木以外にも数多くいる。けれど、なぜ野木の切り込む社会問題はここまで視聴者に響くのか。それは、野木の視線が常に私たちと同じ高さにあるからだろう。『MIU404』でいえば、第4話に登場した青池透子（美村里江）が最もシンボリックだ。手取りは、たったの14万円。半額値引きのシールが貼られたスーパーの惣菜を食べながら、テレビから流れる汚職議員の不起訴処分のニュースに辟易とする。その姿が、なんだか自分みたいで、つい青池透子に気持ちが入ってしまう。

こうした生活者目線の背景には、野木自身が遅咲きの作家であることが影響しているように思う。野木がフジテレビヤングシナリオ大賞を受賞したのは35歳のとき。20代後半で映像業界からいったん離れ、日雇いアルバイトや派遣社員の仕事で生計を立てながら、原稿を書き続けた。本人も、20

代後半は貯金ゼロの極貧生活だったと明かしている。もちろん今や業界屈指の売れっ子作家だが、いい意味で「先生」と敬われ、丁重にもてなされる生活に浸かりきっていない。地に足の着いた生活者としての感覚があるから、野木の描く市井の人々には確かなリアリティがにじんでいる。

野木が背負った「代弁者」というヒーロー性

また、野木は作家の持つ権力や暴力性に対しても非常に自覚的だ。生活者としてメディアの影響力の強さを熟知している分、そこで何を描くべきか、あるいは何を描いてはいけないのか、野木の中には確たるボーダーラインがある。特にこの『MIU404』は警察という強大な権力を持った組織を題材にしているからこそ、その暴力性についてはかなり厳密だった。

特に印象的だったのが、違法捜査を犯した香坂に対して志摩が放った「法を守らずに力をふるったら、それは権力の暴走だ！」というせりふだ。『アンナチュラル』でもミコトは「法医学は法治国家に不可欠な学問。法医学がおざなりにされるっていうことは、無法の国になるってこと」と説いていた。『アンナチュラル』にしても『MIU404』にしても、野木には「日本は法治国家である」という揺るぎない大前提がある。

だから、野木はどれだけ加々見やガマさんに同情すべき事情があっても、犯した罪を決して擁護はしなかった。加害者をいたずらに美化することなく、必ず「何があっても人を殺してはいけない」ということを、伊吹なり志摩なりに言わせていた。

ただその代わり、罪を犯した者を自己責任と追い込むこともしない。擁護はしないが、さりとて個人にだけ責任を背負わせるのではなく、なぜこんな事件が起きたのか、社会の構造そのものに目を向けさせる。

加々見の場合は、父親によるＤＶ、上司によるパワハラという、閉鎖されたコミュニティの中で起きる一方的な暴力の行使を原因とした。ＤＶもパワハラも近年問題化されつつあるが、どうしてもクローズドなコミュニティ内での出来事のため、明るみに出づらく、罰を免れている者が大勢いる。これら見えざる罪に対し、法治国家はどう立ち向かい、その暴力に脅かされている人をどう発見し、救わなければいけないかを問題提起する。

少年法についても、野木らしいせりふがあった。近年、少年法の厳罰化が議論されている。未成年であっても大人と同等に扱うべきだと主張する九重に対し、桔梗が

「私はそれを彼らが教育を受ける機会を損失した結果だと考えている。社会全体でそういう子どもたちをどれだけ掬い上げられるか。5年後10年後の治安は、そこにかかっている」と述べた。また、家出少女のスゥ（原菜乃華）とモア（長見玲亜）に「諦らめないで、まずは福祉や公共に頼る」と弁護士のジュリ（りょう）がアドバイスしたのも、前述の桔梗のせりふとリンクしている。頼る人がいないために、知識がないために、孤立し、泥沼に転落する若者が後を絶たない。彼ら彼女らを「自己責任」だと切り捨てることは誰にでもできる。けれど本当に大事なのは、彼ら彼女らをあざけることでもののしることでもない。無知で未熟な若者が孤立化する前に、適切な支援を行うこと。それが、法治国家に生きる大人の役目だ。

近年、ポリティカル・コレクトネスという言葉が広く浸透し、創作物に内在する差別や偏見に対し、視聴者も非常に敏感になっている。無自覚な差別表現にエラーを起こし、コンテンツとして楽しみたいのに純粋に楽しめなくなったという視聴者も増えてきた。作り手のモラルが信用できるかどうかは、今やコンテンツを選ぶ重要な評価基準の1つだ。そんな中で、野木のモラルは信頼できるという安心が、熱狂を生む一因になっている。

例えば、『MIU404』なら、桔梗の言う「いじめは暴行障害、強要、侮辱罪。児童への性的ないたずらと呼ばれる行為は、いたずらなんて軽いもんじゃない。性的な加害、暴力です」も日頃多くの人が抱いている違和感を的確に言い表したせりふだし、それを「さすが女性は細かいとこに気がつく」とちゃかすように褒める豆治に「今女性関係ありません」と正論でぶった切る桔梗に唸った視聴者も多いだろう。こうした前時代的な価値観を一刀両断し、より現代的にアップデートを試みるような指摘は、Twitterでもバズりやすい。共感と賛同が連帯となって支持につながるからだ。野木作品が熱狂を生みやすいのも、こうした代弁してもらえた快感が熱を上げる要因になっている部分は少なからずあるだろう。

その最初のきっかけとなったのが、『逃げ恥』で語られた「やりがい搾取」や「呪い」といったフレーズだ。どちらもパワーワード化し、いまだにこの手の話題はバズりやすい。それくらい人は溜飲の下がる思いをするのが好きだし、自分の思考を言語化してもらえることは気持ちいい。野木自身は決して勧善懲悪を志しているわけではないのに、どこか視聴者は野木に自分の言ってほしいことを言ってもらうことを期待している向きがある。ある種、『水戸黄門』の印籠や、『遠山の金さん』の桜吹雪のような分かりやすい正義の象徴を背負わされていると言ってもいいかもしれない。

それが野木にとって幸せなことなのかどうかは、個人的には疑問がある。だが、ある意味で伊吹や志摩と同じくらいヒロイックなものとして、野木亜紀子という作家が、今、視聴者から愛されていることは確かだ。

〝考察〟ブームが後押しした、トレンド1位連発

また、『MIU404』を語る上で〝考察〟ブームも避けて通れない事象だ。『あなたの番です』(2019年、日本テレビ系)のヒット以降、あらゆるドラマが〝考察〟の対象となっている。SNSで実況しながら視聴するというスタイルの定着もあり、『MIU404』でも多くの〝考察〟が生まれ、Twitterのトレンド1位を連発した。

ただ、この〝考察〟ありきの視聴スタイルが健全なのかといったら、個人的にはそう思わない。『MIU404』のナウチューバーの特派員REC(渡邊圭祐)のように、点と点を強引に結びつけて強引にストーリーを作り上げていることにもなりかねない。作

品を自分の都合のいいように消費してしまうことはグロテスクだ。ただ、野木の脚本が〝考察〟を生むほど魅力的なのも分かる。例えば、久住のバックボーンについては、さまざまな〝考察〟が広がった。久住の「みーんな泥水に流されて、全部なくしてしまえばいいねん」「一瞬で人も街も全部さろてまう。全部のうなって、それでも10年経てば、みーんな忘れて終わったことになっとる」というせりふから、久住は東日本大震災の被災者ではないかという〝考察〟が生まれた。また、久住が関西弁を操ることから、2009年の台風9号によって家や家族を失ったのではないかという〝考察〟も加熱した。

どちらも決して過剰な思い込みとは言い切れない。なぜなら、少なくとも劇中でそれらを否定する材料は出てきていないのだから。そういう可能性もあるし、ないかもしれない。そうした野木脚本の余白の広さもまた熱狂を生む要因だ。全ての答えが明かされないと、たちまち「伏線が回収されていない」と失望されるのが今の連ドラだが、そもそも全てが分かる必要などない。「俺は、お前たちの物語にはならない」という久住のせりふに、陰謀論や〝考察〟がもてはやされる今日の風潮に対する、野木の毅然たる態度が見えた。

ラスト10分で野木脚本は加速する

ここまで熱狂の要因をいくつか並べてみたが、総括すると圧倒的なエンタメ性が『MIU404』には備わっていた。それは、野木の脚本力もそうだし、おそらくはプロデューサーの新井順子と、メイン監督の塚原あゆ子との相性の良さが大きいだろう。小さい頃から鍵っ子でテレビが友達だったという新井は、大のエンタメ好きだ。野木の脚本に対し「小学生でも分かるように」とオーダーを出し、野木もまた新井と塚原の3人でやる作品に関しては思い切りエンタメをやろうという意識があると話していた。

そんなふうに迷うことなく大衆性に志向できたことが、『MIU404』を間口の広い作品にした。よく練り込まれているが、決して分かりにくくはない。そのバランスが絶妙だった。

特に象徴的なのが、ラスト10分の疾走感だろう。全話を改めて見返すと、ラスト10分に差しかかったところで一気に話が展開しているのが分かる。第1話なら、逃走する車を止めるために志摩が車体ごと突っ込んで進路を防いだのがラスト10分前。第2話は、加々見がジャンパーを脱ぎ、血まみれのセーターがあらわになったところでラスト10分前。第3話では九重が成川（鈴鹿央士）を取り逃がすところでラスト10分前を迎えるが、これは後の展開を考えれば、妥当といえるだろう。第4話は少し遅れて、ラスト6分前で青池透子の残したつぶったーの真相が明らかになる。そして、第5話と第6話はそれぞれラスト8分前で、九重が暗号の意味を解き、伊吹がマンションの垂れ幕を発見する。唯一の例外が第7話で、第7話に関してはラスト10分前でちょうど犯人逮捕。残りは後日談的なエピソードになる。これは第7話が全話を通してや箸休め的なアクション回であることが理由に挙げられる。その分、ラスト4分前で桔梗が盗聴されていることに気付き、成川と久住のシーンへつなげることで次回への引きを作った。第8話はラスト10分前でガマさんの事故シーンに、第9話と第10話はそれぞれラスト8分前で、ハムちゃんと成川が井戸に沈められていると判明したり、久住の背後で出前太郎の声が聞こえたりという、解決へとつながる場面を迎えた。そして最終話はラスト10分前で「I ♡JAPAN」のTシャツを着た伊吹と志摩のもとにメロンパン号が到着。久住逮捕へと物語が一気に雪崩れ込む。

このラスト10分の法則は、連ドラとして

はセオリーではある。大体このタイミングで最後のCMに入るため、ラスト10分前に山場を作ることで物語を盛り上げるのだ。シド・フィールドの提唱する三幕構成というシナリオ理論でも、ストーリーを3つのブロックに分け、第1ブロックを「設定」、第2ブロックを「対立」、第3ブロックを「解決」と置き、その割合は1：2：1とすることを基本としている。つまり45分という連ドラでは、ラスト10分前後で「解決」へと向かうターニングポイントを設定すると、三幕構成の理論通りになるわけだ。必ずしも全ての脚本家がこの三幕構成に基づいて脚本を書いているわけではないが、徹底的に大衆性を志向した『MIU404』では限りなくこの黄金比に沿って設計されている。だから誰が見ても楽しいし飽きない。

そして野木の場合、第3ブロックの「解決」篇に入ってからの――つまりラスト10分の畳みかけのスピードがすさまじいため、視聴者は一気に引き込まれる。今まで信じていたものが覆され、新しい事実が浮き彫りになったことで、見えていた景色ががらりと反転する。その快感と衝撃に視聴者は病みつきになり、ついSNSでつぶやいてしまうし、「もう1回最初から見よう」「早く次が見たい」と止まらなくなる。この中毒性が、熱狂を加速させた。

きっと今も4機捜はどこかで街をパトロールしている

2021年春、久しぶりに「MIU404」というう単語がTwitter上でトレンド入りした。綾野剛の最新主演ドラマが放送され、そこに橋本じゅん、渡邊圭祐といった『MIU404』メンバーが出演していたことから、懐かしさに駆られたファンたちが自動連鎖的に「MIU404」とつぶやき、トレンド入りを促したようだ。まだしばらく『MIU404』の熱狂は、冷めることを知らない。

この感覚は、同窓会に集まった級友が何年経っても同じ話題で笑い合うのに似ている。ドラマの登場人物であることは分かっている。フィクションなのも承知の上だ。だけど、どこかで4機捜のメンバーが生きている気がするし、あの夏を伊吹や志摩と一緒に駆け抜けたような記憶が細胞に染み付いている。だから、つい何度でも思い出話をしてしまうし、何かあるたびに名前を出して語り明かしたくなる。

今でもふと街に目をやれば、伊吹と志摩の乗った機捜車がパトロールしている気がする。この実在感こそが、『MIU404』熱狂の爆心地だ。

MIU404 対談

『MIU404』は作り手の〝本気〟が詰まったドラマだった

横川良明×佐藤結衣

ドラマが現実世界に入り込んでくる感覚

――『逃げるは恥だが役に立つ』の大ヒット以降、「脚本家・野木亜紀子」の名前は多くの人に知られることになりました。良作を生み出し続けている野木さんの新作、キャスト・スタッフも見事な陣容ということもあり、『MIU404』の期待値は本当に高かったように思います。

横川良明（以下、横川）　結果として、見事に高くなったハードルを軽々越えていった一作でしたね。とはいえ、野木さんの手掛けてきた作品が好きな人の中には、第1話を見たときに肩透かしだったと感じた人が一定数いると思うんです。カーアクションの派手さは目を引くものの、物語の構造としてはシンプルで、『アンナチュラル』の第1話のようなスケール感も見られなかった。さてどうなるんだろうと思っていたら、第2話では絶妙な会話劇から生まれる重厚な人間ドラマ。この振り幅の広さに一気に引き込まれました。

佐藤結衣（以下、佐藤）　バランスが絶妙でしたよね。新井順子プロデューサーの「刑事モノがやりたい」という思いのもと、普段ドラマを見ることがない方にも届けることができるのが第1話で、第2話では野木さんの作家性が存分に生かされていました。

横川　チーフ演出の塚原あゆ子さんを含めて、お三方のバランスが本当に素晴らしかったです。野木さんが日本テレビで手掛けた『獣になれない私たち』もいい作品でしたが、主人公・晶（新垣結衣）をはじめ登場人物たちを取り巻く設定が〝重い〟部分もあり、視聴するのが少し疲れるという視聴者も一定数いました。新井プロデューサーは「私は難しいことよくわからない」とインタビューでおっしゃっていたんですが、その視線が野木さんの作家性と視聴者との橋渡しになっていた。新井プロデューサーは、「小学生でもわかるようにしましょう」と野木さんにおっしゃっていたそうですが、その姿勢が『MIU404』の間口の広さにつながったのかなと思います。

佐藤　確かに。野木さんにインタビューさせていただいた時に、多くの人に届けるエンタメ性と、深く考えてもらいたいというテーマ性の両立が難しいというお話になりました。いわゆる刑事ドラマといえば、エンタメ性の高いものが名作として語られていますが、その中でも『MIU404』は新たな作品として昇華されていたと思います。現実に現在進行形で私たちが知らなければならないことがちりばめられていて、このドラマを通じて事件は今も起きていると私たちに自覚させるギミックが隠されているというか。

横川　第１話から第５話までの並びがすごく良かったですよね。第２話からは犯罪を犯してしまう人物が魅力的で、特に第4話に登場した青池透子(美村里江)に感情移入した人も多かったと思います。視聴者が気持ちを乗せられる人物が、主役である伊吹(綾野剛)と志摩(星野源)ではないところも新しかったと思います。

佐藤　松下洸平さんや美村里江さんなど、ゲスト出演の方々の演技も素晴らしかったですよね。〝容疑者〟や〝犯人〟と呼ばれる前にちゃんと人間としての人生があったことを、彼らの熱演が印象付けてくれました。チーフ演出の塚原さんにお話を聞いた時にも感じたのですが、スタッフの皆さんが役者の方々を本当に信頼しているのが伝わってきました。プロデューサー、演出家、脚本家、俳優、その他のスタッフたちも、全員がそれぞれの仕事を限界までやりきっている。だから、私たちライターも「全部受けとめて書いてやる!」という気持ちになったというか(笑)。当たり前なのかもしれないのですが、本当に〝全員本気〟が詰まったドラマだったように感じます。

横川　その本気がちゃんと視聴者にも伝わるから、「ながら見なんかしてたまるか」になっていきましたよね(笑)。

佐藤　そうなんですよ。何か見落としてるんじゃないかと。記事を書いた後でも、「あ、あれとあれは、もしかしてつながっていたんだな」という。ちょっと加筆したいくらい、って思っていました。

横川　しかも、情報をただ詰め込んでいるのではなく、凝縮してポイントポイントに入れているのが本当に巧みですよね。YouTubeやTikTokだったり、映像に触れることが当たり前になっている動画世代にとっては、情報量が薄いと飽きちゃうんじゃないかと思うんです。編集のテンポもそうですが、『MIU404』はその密度やスピード感がまさに今のドラマになっていたんじゃないかなと。

——最終回の展開には大きな驚きがありました。

横川　異例の事態に直面して、放送が延期されたドラマはコロナ禍以前のお話として展開するか、それとも大幅に修正してコロナ禍を取り入れるのか、二つの選択があったと思うんです。前者が悪いわけではないのですが、制作から半年後から1年後に公開される映画とは違い、今を取り入れることができるのがドラマの強みだと思います。『MIU404』も大幅な変更を余儀なくされたようですが、最後の最後に今を描いたところに、〝ただでは転ばない〟精神を強く感じました。

佐藤　第1話から劇中の設定が「2019年」というのを印象付けていましたが、最後の最後に2020年の現在につながっていく流れは、圧巻でした。新国立競技場の「0（ゼロ）」のサブタイトルが最後に出てくる演出は、「く〜〜、やるーー！」っと思わずしびれました（笑）。最終回では伊吹と志摩が久住（菅田将暉）に捕らえられてしまい気絶する。いわゆる〝バッドエンド〟かと思いきや、彼等が見た〝悪夢〟であり、時計が巻き戻る演出がされました。ただ、これは〝夢オチ〟という以上に、もう一つのパラレルワールドのようにも見えました。

横川　〝分岐〟というのは『MIU404』の中でも第1話から描き続けたテーマであり、単なる〝夢オチ〟という解釈よりはその考えの方がしっくりきますよね。

佐藤　久住を捕まえる、コロナ禍の現在にたどり着く、あのルートこそが〝夢〟という可能性もありますし、解釈は人それぞれですよね。でも、まだまだこの世界線の伊吹と志摩を見ていたいという思いからかもしれませんが、正直最終回は時間が足りないなとも感じました。もし、当初予定されていた全14回ができるのであれば、久住が志摩たちに投与したドラッグがどんな効果を生み出すのかなど、それぞれのディテールがよりしっかり描かれていたように感じます。

横川　ちょっと駆け足感はありましたよね。とはいえ、伊吹と志摩が目覚めてからの展開は、第1話に戻ったくらいの勢い、「最後はエンタメでやりきるぞ」という表明のようで気持ちよかった。

佐藤　追いかけっこはまさにそうでした。カーチェイスを繰り返さないと思ったらまさかクルーザーを使うとはと（笑）。予算が削られがちな最近のテレビドラマで、やりたいことを全部やっていくという気概を改めて感じた最終回でもありました。

横川　綾野さん、星野さん、菅田さんという、世代はそれぞれですけど、本当にいい俳優をそろえたなと改めて感じました。かなり大変なスケジュールだったと思うのですが、俳優たちが「野木さんとやりたい、このチームとやりたい」と思うのがすごいなと。

佐藤　確かに。自粛明けにスケジュールをずらして対応したってことは、それだけの気持ちがあったってことですしね。

横川　だから、〝お仕事ドラマ〟ではないんですが、俳優、スタッフ、全員の良い仕事を見ていると、何か自分も自分の持ち場で頑張ろうって。『MIU404』を見てそう思った方は多かった気がします。

――『MIU404』は作品内と現実のTwitterトレンドがシンクロするなど、SNS時代との相性の良さも際立っていました。

横川　ドラマでもバラエティ番組でも、「テレビとネットの連動」をテーマにしている作品はありますが、いまだに〝正解〟があるわけではないと思うんです。そんな状況の中で、本作はまさに一つの答えを出したように感じました。

佐藤　まさかドラマの中で見た風景が、そのまま自分のTwitterに表示されるなんて思ってもみなかったです。作品の中で久住がフェイクニュースで多くの人をだましたように、私たち自身もいつ加担者になっていてもおかしくはないんだと。ドラマを見ながら〝実況〟する文化は定着してきたように思いますが、ドラマが現実世界に入り込んでくる感覚を味わったのは初めての経験でした。

横川　そのときに思ったのが、ドラマの〝考察〟なんです。「このシーンにはこんな意味があるんじゃないか」「あのせりふは第１話と第４話でつながっている」とか。もちろんドラマの楽しみ方は人それぞれ。考察する楽しさもあっていいと思います。ただ、木を見て森を見ずじゃないですけど、断片的な情報から意図を読み取ることばかりに目がいって、作品の本質を見落とす危うさがある。『あなたの番です』（２０１９年、日本テレビ系）から〝考察〟ブームが続いていますが、〝考察〟ありきになってしまうのも考えものなんじゃないかなと。メディアや書き手は〝考察〟という言葉を使いがちですけど、それが作品の見方の主流になってしまうのはちょっと怖い。だから僕が記事を載せるときは、考察ではなく〝感想〟にしてほしいとメディアにはお願いしています。『MIU404』でも、「あなたは点と点を強引に結びつけてストーリーをつくり上げているだけだ」というせりふがありましたが、書き手である自分自身も読者に向けて同じことをしてしまう危険性があることを感じました。

佐藤　そうなんですよね。面白い作品を伝えたい、だからこんな解釈もできるんじゃないか、と記事を書くわけで、制作者の意図を全てくんだ〝正解〟を出しているわけではありません。あくまで感じたことをそのまま受け取っていただきたいと思ったのに、その記事も〝考察〟されてまったく違う方向に進んでしまうこともある。本筋ではないところに話題が展開してしまう怖さをハッキリと見せてくれたのは、個人的にもグッときたところです。

横川　〝考察〟が前に出過ぎてしまうと、より斬新な〝考察〟をして注目を浴びたい、ネットでバズりたいという承認欲求が膨らんで、特派員ＲＥＣ（渡邊圭祐）と同じになってしまう落とし穴がある気がしました。

これからの連ドラに求められるもの

――新型コロナウイルスの感染拡大の影響もあり、話数が短縮されたり、各局で新ドラマのスタートがバラバラになるなど、これまでとは異なるイレギュラーな放送が続いています。

横川　「打ち切り」などはこれまでもありますが、今回のように最初から全５話のドラマがあってもいいし、逆に全20話のドラマがあってもいいのにとは思います。もちろん、役者さんのスケジュールから、スポンサーとの関係など、考えなくてはいけないことは山ほどあるのは分かります。ただ、作品の質だけを考えるなら、もっと自由になってもいいし、今回の『半沢直樹』（2020年、TBSテレビ系）のように途中で休止週があってもいいと思うんです。当たり前のことなんですが、コロナ禍で体調が悪いときは休まないといけない、無理してはいけないというのが浸透したように、1週休んだことによっていいものができるならその選択もあっていいはず。スケジュールに全部合わせるのがプロと言われたらそれまでなんですが。

佐藤 そうなんですよね。何だったら、別に1時間の枠じゃなくてもいいよ、という気持ちもします。Netflixなどの配信ドラマは話数ごとに尺が違いますが、その自由さも作り手には大きいだろうなと。もちろん、1時間の中に収めるという制限があるからこそ、ブラッシュアップされる表現もあると思いますし、視聴者としてもその時間を味わう楽しみもあります。尺の固定は地上波ドラマならではの良さもあると思うので、話数はもっと柔軟にしていいかもしれないですね。『MIU404』も当初の予定では最近のドラマでは珍しい14話の想定だったようなので、これからもそんな作品が増えていくのを期待したいですね。

――コロナ禍で撮影現場にもさまざまな変化があり、話数の変化なども今後起きていくと思いますが、どんなテーマの作品が見たいですか？

佐藤　塚原さんにインタビューで「今後どのようなドラマを描きたいですか？」と質問させていただいたとき、逆に、「佐藤さんは何か見たいドラマはありますか？　脚本は書かないんですか？　読んでみたい」と言ってくださったんです。その時に〝この方は自分たちが心底見たいドラマを作っているんだな〟と胸が熱くなりました。新井プロデューサーも日々とんでもない数の企画を出されているとお聞きしましたし、たくさんある〝見たい〟から選び抜かれた企画が形になっているのだと思うと、改めてテレビドラマって夢があるなと。私は、その時とっさに「最近よく見られる友だち母娘の親離れ子離れの難しさをテーマにしたドラマを……」と、お話ししたんですけれど、自分で話していてなんだか苦し過ぎるテーマでむせました（笑）。変化していく現実の課題をリアルに描くのもしんどいですし……。

横川　難しいですよね。個人的には男女5人ぐらいの青春ドラマが見たいです。昔はたくさんあったと思うのですが、最近はゴールデンプライム帯ではまったくなくなってしまって。僕は『あすなろ白書』（1993年、フジテレビ系）の世代で、もう少し上の世代だと『ふぞろいの林檎たち』（1983年、TBSテレビ系）や『男女7人夏物語』（1986年、TBSテレビ系）があって、少し下の世代のだと『オレンジデイズ』（２００４年、ＴＢＳテレビ系）がありました。各世代にいい俳優もそろっているので、ブームを巻き起こすような青春ドラマが生まれることを期待したいです。

佐藤　確かに青春モノに限らず、構成要素がどんどん複雑になっている印象はありますね。恋愛ドラマも、お仕事モノや社会的な生きづらさなど、何かしらの要素を盛り込んでいるように見えますし。ストレートに青春を描いても刺激が足りないと思われているのかもしれませんね。その代わりにリアリティーショーが楽しまれている感じでしょうか。

横川　恋愛の駆け引きのようなものは恋愛リアリティーショーで消費されている感じはしますね。恋リアを楽しんでいる10代は予想以上に多いです。だからこそ、連ドラでも恋愛青春ドラマは絶対に需要があると思うので。後は作り手たちが10代～20代の感覚をいかに理解できるか。恋リアの方が人気が出ているのも、どうしても連ドラが〝自分ごと〟に思えない点があるからだと思うんです。ＳＮＳの使い方ひとつとっても、どこか古くさいんですよね（笑）。今の子たちは連絡の手段がLINEだけではなくて、InstagramのＤＭとかでやっているんです。でも、そのＤＭを作劇に盛り込んでいる脚本家はほとんどいません。いっそのこと開き直ってスマホ前の時代にする手段などもありますが、若者たちのリアルをしっかり書ける脚本家、そしてドラマが生まれたらまた面白くなるのではないかなと思います。

佐藤　ちゃんと取材すれば、良いものができそうですよね。逆に若者のリアルが描かれたドラマがないので、今の10代がどんな恋をしているのかすごく見てみたいですね。価値観が多様化していくからこそ、すごく小さな世界の話を細かなところまで描いたドラマがあるとうれしいなと思います。だって、そういう世代間ギャップの話って、わざわざしないじゃないですか。横川さんと私は同い年なので、分かっていただけると思うんですが、最近の子は「写メ」って言わないって知ったとき、衝撃が走りませんでした？「マジか！これがジェネレーションギャップか」と膝から崩れ落ちました。

横川　写メって言っちゃった！ってなっちゃいますもんね（笑）。

佐藤　『MIU404』にのめり込めたのも警察の取材をしっかりしていた点にあると思うんです。なので、極論かもしれないですが、青春ドラマを作るに当たり、10代の子が監修として入ってSNSの使い方や、言葉の言い回し、ファッションの着こなし……などを作品に反映させるのもありなんじゃないかと。30代、40代が見たとき、ギャップがありすぎて共感できないかもしれないし、全然違うものを知ることができて面白いと感じるかもしれないし、それはどっちになるかわからないですが。何度も言わせてもらいますが「写メ」の衝撃を受けた私としては、そういう新しい視点がもらえるドラマは「見なきゃ！」って思います（笑）。

横川　そうなんですよね。往年の作り手たちが価値観をアップデートせずに、無理して今のお話にしようとするからものすごい違和感を感じてしまう。だから、時代設定を過去に設定するのも全然ありだと思うんですよ。80年代のリバイバルと言える『今日から俺は!!』（２０１８年、日本テレビ系）も、90年代の『M　愛すべき人がいて』（２０２０年、テレビ朝日×ABEMA）がバズったのも、知らない世代はファンタジーとして楽しめるし、当時を生きた世代はノスタルジーとしても楽しめるし。「たまごっち」とか出てきたらわれわれの世代はＳＮＳで大騒ぎですよね（笑）。

佐藤　あはは。プリクラやガラケーなど生活の中にデジタルが入ってきたと思ったら、まだまだ学校では友だちといろいろな形に折った手紙を交換するようなアナログ部分もあって……あの時代の青春もあれはあれで貴重でした。映画『SUNNY　強い気持ち・強い愛』（２０１８年）で描かれたような、ある一定の時代を細かく取材して「あったあった！」とみんなで平和に騒げる青春ドラマ、ぜひ見たいですね（笑）。

※「リアルサウンド映画部」２０２０年11月15日掲載記事再録

TV DRAMA

『さよならロビンソンクルーソー』

2010年12月29日

演出：宮木正悟／脚本：野木亜紀子／プロデューサー：東康之、喜多麗子／出演：田中圭、蓮佛美沙子、綾野剛、菊地凛子／制作：フジテレビドラマ制作センター

野木亜紀子は本シナリオで第22回「フジテレビヤングシナリオ大賞」を受賞。同賞はフジテレビがシナリオ作家育成のために設立したもので、大賞作品への特典として映像化された。精神が弱くリストカット癖があり、バイトも続けられず借金を抱えている恋人・美也（蓮佛美沙子）に、薄給ながらも毎月15万円を渡している民間の清掃作業員・慶介（田中圭）。売れないバンドマンの成雪（綾野剛）にお金を貸し続けている看護師のハナ（菊地凛子）。恋人に無償の愛を貢ぎ続ける2人は、ある日、美也がリストカットして運ばれた先の病院で出会ったことをきっかけに、月に一度会ってお互いを励まし合うようになる。

『幸せになろうよ』

2011年4月18日〜6月27日

全11話／演出：澤田鎌作、松山博昭／脚本：井上由美子、古家和尚／プロット協力：野木亜紀子（8話、11話）／プロデューサー：村瀬健、菊地裕幸／出演：香取慎吾、黒木メイサ、藤木直人、仲里依紗／制作：フジテレビ

香取慎吾が〝幸せを売る男〟を演じたラブコメディ。結婚情報センター「B-ring」のアドバイザー・高倉純平（香取）は、出会いは結婚相談所だったとしても2人にはちゃんと愛し合って結婚してほしいという信念のもと、心のこもった接客と独自の恋愛理論により多くのカップルをまとめてきた。その純平のもとに一流企業に勤める謎の美女・柳沢春菜（黒木メイサ）や金持ちのイケメン弁護士・矢代英彦（藤木直人）が次々に入会してくる。素晴らしい結婚相手を紹介するため春菜の担当として相談に乗る純平だったが、やがて持ち前の恋愛理論が通じない春菜に心引かれるようになり、彼女をめぐるラブバトルが展開されていく。

『ラッキーセブン』

2012年1月16日〜3月19日

全10話／演出：佐藤信介、成田岳、平野眞／脚本：早船歌江子（1話、8話）、野木亜紀子（1話、3〜6話、9話、10話）、金沢達也（2話）、宇田学（7話）／プロデューサー：重岡由美子、関口大輔／出演：松本潤、瑛太、仲里依紗、大泉洋、松嶋菜々子／制作：フジテレビ

小さな探偵事務所を舞台に、そこで働く個性あふれる7人のメンバーたちが次々に舞い込む案件を解決していく姿を、スピーディな展開と華やかな本格アクションで描く。自称〝自由人〟のフリーター・時多駿太郎（松本潤）は、探偵の新田（瑛太）に人妻との密会現場の写真を撮られ不倫相手との関係が破綻してしまう。そんな時、新田に再会。駿太郎は新田を追いかけ、町外れの探偵事務所「北品川ラッキー探偵社」に怒鳴り込むのだが、社長・藤崎瞳子（松嶋菜々子）にスカウトされ、探偵として働くことに。「ラッキー探偵社」のメンバーは時に反発し合いながら、チームワークで事件を解決していく中で絆を深めていく。

『主に泣いてます』

2012年7月7日〜9月8日

全8話／原作：東村アキコ『主に泣いてます』（講談社『モーニング』）／演出：葉山裕記、宮木正悟／脚本：野木亜紀子（1話〜3話、7話、最終話）、宇山佳佑（4〜6話）／プロデューサー：大木綾子／出演：菜々緒、中丸雄一、草刈麻有、風間トオル／制作著作：フジテレビ

自他共に認める美貌故に薄幸の人生を歩んできた紺野泉（菜々緒）。絶世の美女として生まれたが、その美しさが周囲の男たちを狂わせてしまいトラブルを起こすため、就職もできず、まともな暮らしができずにいる。そんな自らの境遇を悲観した泉は死のうとするが、日本を代表する日本画家で美大教授の青山仁（風間トオル）に命を救われ、妻がいると知りながら仁のモデル兼愛人になる。東京の下町を舞台に、泉と彼女を取り巻く人々の片思いの連鎖が繰り広げられるシュールなラブコメディ。主演の菜々緒が、泉が男性に惚れられないためにしている「小泣き爺」や「ねずみ男」「稲川淳二」などの数々のコスプレ姿を披露した。

『空飛ぶ広報室』

2013年4月14日〜6月23日

全11話／原作：有川浩『空飛ぶ広報室』（幻冬社）／演出：土井裕泰、山室大輔、福田亮介／脚本：野木亜紀子／プロデューサー：土井裕泰、磯山晶／出演：新垣結衣、綾野剛、柴田恭兵、水野美紀、要潤／製作著作：TBS

原作は直木賞候補にもなった有川浩のベストセラー小説。航空自衛隊の広報室が舞台となっており、航空自衛隊の全面協力のもと撮影された。新聞記者だった父親に憧れ報道記者になった稲場リカ（新垣結衣）は、その強引な取材方法が問題となり夕方の情報番組のコーナーディレクターへ異動させられてしまう。制服特集の企画を担当することになったリカは自衛隊の取材をすることに。そこでリカのアテンド役を命じられた空幕広報室広報班の空井大祐二尉（綾野剛）と出会うのだが、空井は不慮の事故による怪我で夢を絶たれた元戦闘機パイロットだった。人生の壁にぶち当たった2人が新たな目標を見出し成長していく姿を描く。

『図書館戦争 BOOK OF MEMORIES』

2015年10月5日

原作：有川浩「図書館戦争」シリーズ（角川文庫）／監督：佐藤信介／プロデューサー：辻本珠子／出演：岡田准一、榮倉奈々、田中圭、福士蒼汰、栗山千秋、松坂桃李、中村蒼、土屋太鳳／製作著作：ＴＢＳテレビ

「図書館戦争」シリーズの実写映画版第2作『図書館戦争 THE LAST MISSION』の公開に合わせたドラマ特別企画として制作され、第1作『図書館戦争 LIBRARY WARS』の地上波初放送と二夜連続で放送された。松坂桃李、中村蒼、土屋太鳳らが新キャストとして参加。図書特殊部隊に所属する笠原郁（榮倉奈々）は、ある日、図書館で聴覚障害をもつ女子高生・中澤毬江（土屋太鳳）と出会う。毬江は幼馴染で図書特殊部隊の教官・小牧幹久（田中圭）に薦められた本を読んでいるというのだが、検閲機関である「良化隊」にその本の内容が障害者に配慮しておらず不適切とされ、幹久は身柄を拘束されしまう。

『掟上今日子の忘備録』

2015年10月10日～12月12日

全10話／原作：西尾維新「忘却探偵シリーズ」（講談社）／演出：佐藤東弥、茂山佳則、小室直子／脚本：野木亜紀子／プロデューサー：松岡京子、森雅弘／出演：新垣結衣、岡田将生、有岡大貴、内田理央、及川光博／製作著作：日本テレビ

子供の頃から不運続きの〝史上最も運の悪い男〟隠館厄介（岡田将生）は、いつも事件に巻き込まれ疑われるため、事あるごとに探偵を雇っている。今日も勤め先の研究所で、機密データが入ったＳＤカード紛失の犯人と疑われ探偵を呼ぶことに。そのＳＯＳの電話を受けたアパルトマン兼カフェ「サンドグラス」のオーナーで探偵斡旋所も営む絆井法郎（及川光博）が派遣したのは、寝てしまうと1日ごとに記憶がリセットされるため、どんな事件も1日で解決し、秘密も厳守される〝忘却探偵〟掟上今日子（新垣結衣）だった。仲良くなっても次の時には自分のことを忘れている今日子に、厄介は淡い恋心を抱き始めるのだが……。

『重版出来！』

2016年4月12日～6月14日

全10話／原作：松田奈緒子『重版出来！』（小学館『月刊！スピリッツ』）／演出：土井裕泰、福田亮介、塚原あゆ子／脚本：野木亜紀子／プロデューサー：那須田淳、東仲恵吾、八尾香澄／出演：黒木華、オダギリジョー、坂口健太郎、松重豊／製作著作：TBS

2014年日本経済新聞「仕事マンガランキング」1位に輝いた松田奈緒子による人気コミックが原作。タイトルは初版と同じ版を使い、同じ判型と装丁で重版した書籍が販売されることを意味する業界用語。黒木華が連続ドラマ初主演を果たし、週刊コミック雑誌編集部を舞台に、出版業界を支える編集部員、漫画家、営業、書店スタッフたちの奮闘がリアルに描かれる。劇中に登場する漫画家たちの作品を河合克敏、ゆうきまさみ、村上たかし、のりつけ雅春、いくえみ綾など、実際の人気漫画家たちが作画し、実際の同人誌即売会を完全再現するなど、劇中に登場する小道具やセットへの徹底したこだわりも注目された。

『逃げるは恥だが役に立つ』

2016年10月11日～12月20日

全11話／原作：海野つなみ『逃げるは恥だが役に立つ』（講談社『KISS』）／演出：金子文紀、土井裕泰、石井康晴／脚本：野木亜紀子／プロデューサー：那須田淳、峠田浩、宮﨑真佐子／出演：新垣結衣、星野源、石田ゆり子、大谷亮平／製作著作：TBS

海野つなみによる人気コミックが原作。タイトルはハンガリーのことわざから。〝逃げ恥〟の略称で親しまれ、みくり（新垣結衣）と平匡（星野源）の「契約結婚」を通して描かれる結婚や仕事に対する新たな価値観が共感を呼び、星野による主題歌「恋」に合わせてエンディングで出演者たちが踊る「恋ダンス」とともに社会現象を巻き起こした。最終回後には「逃げ恥ロス」という言葉も生まれ、続編のスペシャルドラマ『逃げるは恥だが役に立つ ガンバレ人類！新春スペシャル!!』が放送された（2021年1月2日放送）。今年5月には主演の新垣と星野の結婚が発表され「逃げ恥婚」と呼ばれ大きな話題になった。

『アンナチュラル』

２０１８年１月12日～３月16日

全10話／演出：塚原あゆ子、竹村謙太郎、村尾嘉昭／脚本：野木亜紀子／プロデューサー：新井順子、植田博樹／出演：石原さとみ、井浦新、窪田正孝、市川実日子、松重豊／製作：ドリマックス・テレビジョン、ＴＢＳ

日本における不自然死の解剖率の低水準を改善するために新設された「不自然死究明研究所（＝ＵＤＩラボ）」という架空の研究機関を舞台に展開される一話完結の法医学ミステリー。ブラック企業や集団自殺、仮想通貨詐欺など現実の社会問題を劇中に見事に取り込んだオリジナル脚本が高く評価され、いまも続編の制作が待ち望まれている。第１話ではMERSコロナウイルスが取り上げられ、その後の事態を予見していたかのような内容として注目された。ＵＤＩラボのメンバーのキャラクター造形も好評を博し、特に井浦新が演じた毒舌の法医解剖医・中堂系が人気に。米津玄師が書き下ろした主題歌「Lemon」も大ヒットした。

『獣になれない私たち』

２０１８年10月10日～12月12日

全10話／演出：水田伸生、相沢淳、明石広人／脚本：野木亜紀子／チーフプロデューサー：西憲彦／プロデューサー：松本京子、大塚英治／出演：新垣結衣、松田龍平、田中圭、黒木華、菊地凛子／製作著作：日本テレビ

新垣結衣が主演し、野木亜紀子が脚本を手掛ける『逃げ恥』以来のタッグが注目された異色のラブストーリー。略称は〝けもなれ〟。本能のまま「野生の獣」のように生きれたらラクなのに……と思いながら獣になれず生きている主人公２人が本音をぶつけ合い言葉を重ねる中で自分の人生を見出していく姿が描かれる。新垣が演じる深海晶が営業アシスタントとして働くＥＣサイト制作会社でのブラック労働や取引先で受けるセクハラの描写、松田龍平演じるエリート会計士・恒星をはじめとする周囲の人々の苦さをともなったエピソードなど、現代を生きる人々のリアルが追求されている。本作で野木亜紀子は第37回向田邦子賞を受賞。

『フェイクニュース　あるいはどこか遠くの戦争の話』

2018年10月20日、10月27日

全2話／監督：堀切園健太郎、佐々木善春／脚本：野木亜紀子／プロデューサー：北野拓／出演：北川景子、光石研、新井浩文、杉本哲太／制作：NHK

NHKドラマ初主演となる北川景子演じるネットメディアの女性記者が、ある中年男性がSNSに投稿した食品への青虫混入のつぶやきを発端に拡散されるフェイクニュースの真相に挑む。野木亜紀子がNHKドラマを初めて手掛け、「フェイクニュース」や「ポスト真実」という言葉が注目を集め、真意不明の情報が跋扈する現実社会を、ジャーナリズムとエンターテインメントが融合した新たな社会派ドラマとして描き出した。「つぶやきは、感情を食べて怪物になる。」をキャッチコピーに、2週にわたる前後編として放送され、メディアの本質的問題に触れる内容からSNSを中心に大きな反響を呼んだ。

『コタキ兄弟と四苦八苦』

2020年1月10日〜3月27日

全12話／監督：山下敦弘／脚本：野木亜紀子／チーフプロデューサー：阿部真士／プロデューサー：濱谷晃一、根岸洋之、平林勉、伊藤太一／出演：古舘寛治、滝藤賢一、芳根京子、宮藤官九郎／制作：テレビ東京、AOI Pro.

演技派俳優の古舘寛治、滝藤賢一がダブル主演し、「レンタルおやじ」を始めることになった正反対な性格の兄弟を演じた。タイトルの「四苦八苦」はお釈迦様が説いた、人間が避けることができない8つの苦しみのことで、これに新たに4つの「苦」を加えた12の「苦」が各話のタイトルとテーマになっている。監督は『リンダ リンダ リンダ』『ハード・コア』などの映画作品で知られる山下敦弘。市川実日子、樋口可南子、門脇麦、小林薫、手塚理美など、毎回異なるゲストが登場。『モテキ』や『勇者ヨシヒコ』シリーズ、『きのう何食べた？』などの話題作を次々に送り出しているテレビ東京の「ドラマ24」枠で放送された。

『MIU404』

2020年6月26日～9月4日

全11話／演出：塚原あゆ子、竹村謙太郎、加藤尚樹／脚本：野木亜紀子／プロデューサー：新井順子／出演：綾野剛、星野源、岡田健史、橋本じゅん、麻生久美子／製作：TBSスパークル、TBS

綾野剛と星野源が警視庁機動捜査隊でバディを組む2人の刑事を演じ、これまでの刑事ドラマにはない斬新なキャラクター造形が視聴者の大きな支持を得た。『アンナチュラル』のスタッフが多く参加し、同作のキャラクターもゲスト登場している。劇中のSNSと現実の両方で「#MIU404」のタグがトレンド入りするなど、ドラマと現実がシンクロするような仕掛けが盛り込まれ、ソーシャルメディア上でも大きな注目が集まりTwitter世界トレンド1位も獲得。コロナウイルス感染拡大による放送開始の遅れや話数変更などの影響を受けながらも、最終回ではその先行きの見えない状況を逆手に取ったストーリーを展開し、多くの視聴者を驚かせた。

『逃げるは恥だが役に立つ ガンバレ人類！新春スペシャル!!』

2021年1月2日

原作：海野つなみ『逃げるは恥だが役に立つ』（講談社『KISS』）／演出：金子文紀／脚本：野木亜紀子／プロデューサー：那須田淳、磯山晶、峠田浩、勝野逸未／出演：新垣結衣、星野源、石田ゆり子、大谷亮平／製作著作：TBSスパークル、TBS

社会現象を巻き起こし大ヒットした『逃げるは恥だが役に立つ』の連続ドラマ放送から4年ぶりにTBS系新春スペシャルドラマとして放送された。海野つなみによる原作漫画の続編をもとに、契約結婚を経て本当の〝結婚〟を決めたみくり（新垣結衣）と平匡（星野源）のその後が描かれる。家事分担をしながら平和に暮らしているみくりと平匡だったが、みくりが働く会社で同僚たちと「出産の順番待ち」が話題になる中、みくりの妊娠が発覚。2人はついに籍を入れて正式な結婚をしようとするのだが、夫婦別姓、妊娠中の家事分担、男性の育児休暇取得、コロナ禍での育児など、さまざまな問題が降りかかってくる。

MOVIES

『図書館戦争 THE LAST MISSION』

2015年10月10日

原作:有川浩『図書館戦争』(角川文庫)/監督:佐藤信介/脚本:野木亜紀子/出演:岡田准一、榮倉奈々、田中圭、福士蒼汰、栗山千秋、松坂桃李、中村蒼、土屋太鳳/配給:東宝

『図書館戦争』シリーズの実写映画版第2作。『図書館戦争 BOOK OF MEMORIES』に引き続き松坂桃李、中村蒼、土屋太鳳ら新キャストが出演。〝自由の象徴〟とされ、この世に一冊しか存在しない「図書館法規要覧」が「表現の自由」をテーマとした美術展で一般展示されることになり、図書特殊部隊の堂上らはその輸送と警護を命じられる。だが、それは図書特殊部隊隊員・手塚光(福士蒼汰)の兄で文部科学省「未来企画」代表・手塚慧(松坂桃李)が図書館隊の壊滅を目論み仕掛けた〝罠〟だった。手塚の目論見にはまった図書隊のメンバーたちは検閲部隊「良化隊」の急襲を受け窮地に追い込まれていく。

『図書館戦争 LIBRARY WARS』

2013年4月27日

原作:有川浩『図書館戦争』(角川文庫)/監督:佐藤信介/脚本:野木亜紀子/出演:岡田准一、榮倉奈々、田中圭、福士蒼汰、栗山千秋/配給:東宝

有川浩によるベストセラー『図書館戦争』シリーズの実写映画化第1弾。国家によるメディアの検閲を正当化する「メディア良化法」が施行された「正化」という架空の時代の日本を舞台に、「本を読む自由」を守るべく図書館によって組織された「図書隊」の隊員たちの戦いと淡い恋のゆくえが描かれる。高校時代に出会った図書館隊員を名乗る〝王子様〟の姿を追い求め「図書隊」に入隊した笠原郁(榮倉奈々)は、鬼教官・堂上(岡田准一)による厳しい指導により女性初の図書特殊部隊(ライブラリータスクフォース)に配属される。やがて郁は堂上のことが気になっていくのだが、彼には郁に言えない秘密があった。

『アイアムアヒーロー』

2016年4月23日

原作:花沢健吾『アイアムアヒーロー』(小学館『週刊ビッグコミックスピリッツ』)／監督:佐藤信介／脚本:野木亜紀子／出演:大泉洋、有村架純、吉沢悠、岡田義徳／配給:東宝

花沢健吾による人気コミックを『GANTZ』シリーズなどを手掛け、「図書館戦争」シリーズで野木とタッグを組んだ佐藤信介監督が実写映画化。彼女と破局寸前の漫画家アシスタント・鈴木英雄(大泉洋)が仕事を終えアパートに帰ると、そこには異形の姿に変貌した彼女・徹子(片瀬那奈)の姿が。謎のウイルス感染により人々が生命体「ZQN(ゾキュン)」へと変貌し、日本中が感染パニックに陥る中、標高の高い場所では感染しないという情報を得た英雄は、道中で出会った早狩比呂美(有村架純)とともに富士山を目指そうとする。平凡な日常が突如として終わりを告げた世界で、生き残りをかけたサバイバル生活が始まる。

『俺物語!!』

2015年10月31日

原作:アルコ・河原和音『俺物語!!』(集英社『別冊マーガレット』)／監督:河合勇人／脚本:野木亜紀子／出演:鈴木亮平、永野芽郁、坂口健太郎／配給:東宝

2013年版「このマンガがすごい!」オンナ編1位に輝き、同年の「講談社漫画賞少女部門」を受賞した異色の少女漫画の実写映画化。剛田猛男(鈴木亮平)は高校生離れした顔面と巨体を持つ、硬派な漢気あふれる日本男児。不器用だが純情で正義感に満ちた性格で同性からは慕われているが、いかつい風貌ゆえに異性からは恐れられ全く好かれることがない。これまで好きになった女子はみんな、猛男の幼なじみのクールなイケメンの親友・砂川誠(坂口健太郎)を好きになっていた。ある日、猛男と砂川は街中で強引なナンパにあっていた女子高生・大和凛子(永野芽郁)を救うのだが、猛男は大和に一目惚れしてしまう。

『犬王』

2021年公開予定

原作:古川日出男『平家物語 犬王の巻』(河出書房新社)/監督:湯浅政明/脚本:野木亜紀子/キャラクター原案:松本大洋/配給:アスミック・エース

原作は、古典文学『平家物語』の現代語訳を手掛けた作家・古川日出男が、『平家物語』に連なる物語として、世阿弥と同時期に活躍し人気を二分した実在の能楽師・犬王をモデルに執筆した小説。テレビアニメ『四畳半神話大系』『映像研には手を出すな!』や劇場版アニメ『夜明けを告げるルーのうた』『きみと、波にのれたら』などの監督・湯浅政明が長編ミュージカルアニメーションとして映画化。キャラクター原案をテレビアニメ『ピンポン THE ANIMATION』で湯浅とタッグを組んだ松本大洋が担当し、野木亜紀子が初めてアニメーション映画の脚本を手掛け、歴史に埋もれたポップスターの物語を描く。

『罪の声』

2020年10月30日

原作:塩田武士『罪の声』(講談社文庫)/監督:土井裕泰/脚本:野木亜紀子/出演:小栗旬、星野源、松重豊、古舘寛治、宇野祥平/配給:東宝

昭和最大の未解決事件をモチーフにした塩田武士のミステリー小説の映画化。かつて日本中を震撼させた食品会社を標的とした企業脅迫事件。大日新聞・文化部記者の阿久津英士(小栗旬)は、昭和の未解決事件の特集班に選ばれ、すでに時効を迎えた35年前の企業脅迫事件の担当を任される。一方、京都でテーラーを営み家族と幸せに暮らしていた曽根俊也(星野源)は、ある日、父の遺品の中にカセットテープを見つけ再生してみる。そこに入っていたのは、あの未解決事件の犯人グループが使用した脅迫テープと全く同じ声だった。事件に関わった人々が過去に翻弄され交錯する中、2人は出会い、衝撃の真相が明らかになっていく。

著者プロフィール

小田慶子

角川書店で『週刊ザテレビジョン』などの編集部に勤務後、２００６年よりフリーのライター・編集に。「ザテレビジョン・ドラマアカデミー賞」の総評や取材を担当し、ドラマの作り手にもインタビューしている。テレビ雑誌のほかドラマや映画のオフィシャルブック、俳優の写真集、女性誌、ＷＥＢ媒体に寄稿。ドラマの初取材はKinKi Kids主演の『若葉のころ』（１９９６年、ＴＢＳテレビ系）」、マイベストドラマは鎌田敏夫脚本の『29歳のクリスマス』（１９９４年、フジテレビ系）。

佐藤結衣

大学卒業後、求人メディアのコピーライターとして入社。その後、フリーライターに転向。芸能雑誌にてグラビアページなどのライティング・編集、企業ＨＰやアパレルブランドのウェブマガジンなども担当。ひょんなきっかけからリアルサウンド編集部に拾われ、音楽、映画、ドラマ、YouTuberなどに関するコラム、インタビュー記事を手がけるように。持論は「なんとかなる、なんとかする」。Ｏ型。猫派。

田幸和歌子

１９７３年長野県生まれ。東京学芸大学教育学部卒業、小中高の教員免許取得。出版社、広告制作会社勤務を経てフリーランスのライターに。週刊誌・月刊誌、ウェブ媒体等で俳優やタレント、プロデューサー、演出家等のインタビューを手掛けるほか、ドラマコラムを様々な媒体で執筆中。エンタメのほか、教育、医療、一般目線での政治系記事も手掛ける。主な著書に、『大切なことはみんな朝ドラが教えてくれた』（２０１２年、太田出版）がある。

成馬零一

ライター、ドラマ評論家。ドラマ、マンガ等についてリアルサウンド、現代ビジネス等で執筆。単著に、野島伸司、堤幸彦、宮藤官九郎の作品について執筆した評論集『テレビドラマクロニクル　1990→2020』（2021年、PLANETS）や、岡田惠和、坂元裕二、遊川和彦、宮藤官九郎、木皿泉、古沢良太の作品について執筆した評論集『キャラクタードラマの誕生　テレビドラマを更新する6人の脚本家』（2013年、河出書房新社）などがある。

西森路代

1972年、愛媛県生まれのライター。大学卒業後は地元テレビ局に勤め、30歳で上京。東京では派遣社員や編集プロダクション勤務、ラジオディレクターなどを経てフリーランスに。香港、台湾、韓国、日本のエンターテインメントについて執筆。また2016年から4年間ギャラクシー賞の選奨委員も務めた。著書に『K-POPがアジアを制覇する』（2011年、原書房）、共著に『韓国映画・ドラマ――わたしたちのおしゃべりの記録2014～2020』（2021年、駒草出版）、『「テレビは見ない」というけれど』（2021年、青弓社）など。

藤原奈緒

1992年生まれ。大分県在住。学生時代に取り組んだ寺山修司等の映画研究をきっかけに作品分析の楽しさを知る。書店勤務の傍ら、映画館に通い文章を書き続け、『映画芸術』（編集プロダクション映芸）に寄稿。「リアルサウンド映画部」の編集者の方の提案で、テレビドラマ評を書いてみたところ、その後多くのコラム・レビューを執筆。

横川良明

1983年生まれ。大阪府出身。ドラマ・演劇・映画などエンタメを中心に取材・執筆。著書にコラム集『人類にとって「推し」とは何なのか、イケメン俳優オタクの僕が本気出して考えてみた』（2021年、サンマーク出版）、男性俳優インタビュー集『役者たちの現在地』（2019年、KADOKAWA）がある。

脚本家・野木亜紀子の時代

著者：小田慶子　佐藤結衣　田幸和歌子　成馬零一　西森路代　藤原奈緒　横川良明

イラスト：akira muracco
装丁・デザイン：古田雅美、内田ゆか（opportune desighn Inc.）

編集：大和田茉椰、松田広宣（blueprint）
編集協力：春日洋一郎（書肆子午線）

2021年7月31日初版第一刷発行

発行者：神谷弘一
発行・発売：株式会社blueprint
〒150-0043 東京都渋谷区道玄坂1-22-7-5/6F
［編集］TEL. 03-6452-5160／FAX. 03-6452-5162

印刷・製本：株式会社シナノパブリッシングプレス

ISBN 978-4-909852-17-5